主　编　王希军　黄晋鸿
副主编　蔡　瑛　凌　琪

以新的理念
引领新的发展

YI XINDE LINIAN
YINLING XINDE FAZHAN

山东人民出版社
国家一级出版社　全国百佳图书出版单位

以新的理念引领新的发展

（代序）

唐洲雁

党的十八届五中全会提出，实现“十三五”时期发展目标，破解发展难题，厚植发展优势，必须牢固树立创新、协调、绿色、开放、共享的发展理念。五大发展理念是贯穿五中全会精神的灵魂和主线，是以习近平同志为总书记的党中央顺应时代潮流、把握发展机遇的战略抉择，是着眼新的阶段新的实践、深化发展规律认识的理论升华，深刻回答了在新的历史起点上我们要实现什么样的发展、怎样发展这一重大时代课题，不仅对实现全面小康，而且对开启社会主义现代化建设新征程，都具有重要引领作用。

新阶段需要新转变

党的十八届五中全会提出，今后5年是夺取全面建成小康社会的决胜阶段，是向第一个100年奋斗目标冲刺的阶段。新阶段的显著特征是经济发展进入新常态，表现出速度变化、结构优化、动力转换三大特点。这个新阶段还是我国由大向强发展的关键跃升期，要想如期实现全面小康，就必须清醒地认识到，前进的道路并不平坦，既具有充分条件，也面临艰巨挑战。为此，我们必须树立新理念，实现新转变。

这里所说的充分条件，主要表现在：尽管国际国内环境发生了深刻复杂变化，但我国发展重要战略机遇期的重大判断没有改变。从国际看，世界政治经济形势总体上有利于维护和平与发展大局，世界经济在深度调整中曲折复苏，全球治理体系深刻变革，国际力量对比趋向平衡，我国发展具有相对稳定的外部环境。从国内看，我国物质基础雄厚，人力资本丰富，市场空间广阔、发展潜力巨大，经济长期向好基本面没有改变。经济发展进入新常态，在增长速度不可避免换挡的同时，经济发展方式加快转变，经济结构不断优化，发展动力持续转换，改革开放释放出新的发展活力，良好发展态势可以持续。

这里所讲的艰巨挑战，主要表现在我国发展重要战略机遇期的内涵正在随着世情国情的不断变化而悄然发生改变，这给我们带来了一系列极为复杂的新情况、新问题：一是国际金融危机破坏了世界经济增长动力，我们利用世界经济较快增长加快发展自身发展的条件发生深刻变化，必须更多依靠内生动力实现发展；二是全球需求增长和贸易增长乏力，市场成为最稀缺的资源，我们必须把发展的立足点更多放在国内，更多依靠扩大内需带动经济增长；三是新一轮科技革命和产业变革蓄势待发，我国要素成本快速提高，必须加快从要素驱动转向创新驱动；四是新的经贸规则制订处于激烈的利益折冲之中，我们利用原有规则招商引资、促进发展的条件发生深刻变化，必须积极参与全球积极治理，保护和扩大我国发展利益；五是随着我国综合国力的持续增强，一些国家同我国发展的摩擦上升，我们必须统筹国际国内两个大局，在维护国家主权、安全、发展利益中努力维护我国发展的重要战略机遇期。正是由于以上五个方面的深刻变化，使得当前我国发展的重要战略机遇期，正在由原来加快发展速度的机遇，转变为加快经济增长方式转变的机遇；正在由原来规模扩展的机遇，转变为提高发展质量和效益的机遇。

战略机遇期内涵在全面建成小康社会决胜阶段的深刻变化，必将导致我国发展中存在的突出矛盾和问题日益凸显，“倒逼”我们以新的理念引领新的发展、新的转变。“创新、协调、绿色、开放、共享”的五大发展理念，正是在这样的大背景下应运而生。它们是一个相互贯通、相互促进、密不可分的有机整体。其中，创新为发展注入活力，协调使发展更具平衡性整体性，绿色为发展提供良好生态环境并使之更具可持续性，开放为发展拓展更广阔空间，共享是发展的出发点和落脚点，集中反映了时代的声音、人民的意愿。坚持以五大理念引领新的发展，实现发展方式新的转变，推动发展质量和效益的提升，是全面建成小康社会新阶段的新需要，是关系未来现代化建设一场新变革，对于我们实现“两个100年”的奋斗目标，至关重要。

新实践呼唤新理念

理念是行动的先导，任何实践都是由一定的发展理念来引领和开创的，科学的发展理念能动地指导发展实践，错误的理念也必然会导致现实的困境。因此发展理念是否对头，从根本上决定着发展的成效乃至成败。正如习近平总书记在五中全会上强调的那样：发展是一个不断变化的进程，发展环境不会一成不变，发展条件不会一成不变，发展理念自然也不会一成不变。

以新的理念引领新的发展，是我们党治国理政的重要经验。新中国成立60多年来，特别是改革开放30多年来，我们党总是根据历史条件、形势任务、机遇挑战的变化，适时提出相应的发展理念和发展战略。从十一届三中全会确立以经济建设为中心，到南方谈话邓小平提出发展是硬道理；从面对经济全球化的冲击，强调发展是党执政兴国的第一要务，到受“非典”疫情的警示提出科学发展的理念，坚持全面协调可持续发展，每一次发展理念的创新和完善，都源于实践的不断发展和变化。

不发展有不发展的问题，发展起来有发展起来的问题，而发展起来后出现的问题并不比发展起来前少，甚至更多更复杂了。当前，要全面建成小康社会，我们面临的问题更复杂、发展的任务更艰巨。主要表现在：第一，发展动力不足问题突出。目前我国创新能力不强，科技发展水平总体不高，科技对经济社会发展的支撑能力不足，科技对经济增长的贡献率远低于发达国家水平，其他各方面创新也存在内生动力不足问题。在未来发展中，如果我们不依靠创新驱动，发展动力就不可能实现转换，我们在全球竞争中就会处于下风。第二，发展不协调问题突出。我国发展不协调是一个长期存在的问题，突出表现在区域、城乡、经济和社会、物质文明和精神文明、经济建设与国防建设等关系上。如果发展不协调的问题长期得不到有效解决，“木桶”效应就会愈加显现，一系列社会矛盾会不断加深。第三，环境资源约束问题突出。我国资源约束趋紧、环境污染严重、生态系统退化的问题十分严峻，人民群众对清新空气、干净饮水、安全食品、优美环境的要求越来越强烈。第四，对外开放总体水平不高问题突出。特别是用好国际国内两个市场、两种资源的能力还不够强，应对国际经贸磨擦、争取国际经济话语权的能力还比较弱。第五，在共建共享方面问题突出。在这方面，无论是实际情况还是制度设计，都还有不完善的地方。我国经济发展的“蛋糕”在不断做大，但分配不公问题亟待解决，城乡居民收入差距较大，基本公共服务均等化还存在“最后一公里”现象，这方面的问题如果长期解决不好，势必影响全体人民参与发展的积极性、主动性、创造性，国家发展就缺乏足够的后劲。

“创新、协调、绿色、开放、共享”五大发展理念，正是为了破解上述五个方面的突出问题，有针对性地提出来的。其中创新发展注重的是解决发展动力问题，也就是要靠什么去发展的问题，它着眼于培养新常态下经济增长的新动力，强调把创新摆在国家发展全局的核心位置，不断推进理论创新、制度创新、科技创新、文化创新，让创新贯穿党和国家一切工作，让创新在全社会蔚然成风。

协调发展注重的是解决发展不平衡的问题，它着眼于发展的健康性，强调正确处理发展中的重大关系，重点促进城乡区域协调发展，促进经济社会协调发展，促进新型工业化、信息化、城镇化、农业现代化同步发展，推动物质文明和精神文明协调发展，推动经济建设和国防建设融合发展。

绿色发展注重的是解决人与自然和谐问题，它着眼于发展的永续性，强调必须坚持节约资源和保护环境的基本国策，坚持可持续发展，坚定走生产发展、生活富裕、生态良好的文明发展道路，加快建设资源节约型、环境友好型社会，形成人与自然和谐发展的现代化建设新格局，推进美丽中国建设。

开放发展注重的是解决发展内外联动问题，它着眼于用好国际国内两个市场、两种资源，强调必须顺应我国经济深度融入世界经济的趋势，奉行互利共赢的开放战略，发展更高层次的开放型经济，积极参与全球经济治理和公共产品供给，提高我国在全球经济治理中的制度性话语权，构建广泛的利益共同体。

共享发展注重的是解决社会公平正义问题，它着眼于体现社会主义的本质要求和发展目的，强调要坚持发展为了人民、发展依靠人民、发展成果由人民共享，作出更有效的制度安排，使全体人民在共建共享发展中有更多获得感，增强发展动力，增进人民团结，朝着共同富裕方向稳步前进。

可以说，五大发展理念的提出，源自于实践发展的呼唤，是以习近平同志为总书记的党中央，在实践的不断探索前行中做出的科学判断和理论创新，鲜明体现了新一届中央领导集体对新的发展阶段基本特征的深刻洞悉，集中体现了对社会主义本质要求和发展方向的科学把握，是对我们党关于发展理论的丰富和发展，是推动我国经济社会发展必须长期坚持的重要原则和基本遵循。

新理念引领新发展

全面建成小康社会，是中国人民梦寐以求的目标。五中全会提出了一系列具有标志性的重大战略、重大工程、重大举措，特别是强调要以新的理念推动发展，聚焦突出问题和明显短板，回应人民群众诉求和期盼，目的就是确保如期实现全面小康，开启现代化建设新征程。

现在离2020年实现全面小康，满打满算只有5年时间。怎样确保在这5年内如期实现全面小康的各项目标？关键是要明确我们的发展理念，制定好“十三五”规划，引领未来发展。

十八大以来，习近平总书记在短短3年时间里，到23个省市区进行了35次调研，7次提到“十三五”规划。在接见外宾和出国访问中，也有5次提到“十三五”规划。这次在五中全会上，他又亲自做关于“十三五”规划建议的说明。其重视程度，由此可见一斑。

习近平同志为什么如此重视“十三五”规划？因为这是新一届中央领导集体任期内第一个完整的五年规划，它不仅是我们实现第一个“100年目标”的最后一个五年规划，而且是揭开历史新篇章、迈向第二个“100年目标”的第一个五年规划。可以说，“十三五”规划一手托着全面小康社会，一手开启现代化新征程，承接过去、现在和未来，具有不可替代的历史地位和关键作用。

全面建成小康社会和开启现代化建设新征程，这两大历史任务既相联系又有区别，只有全面建设好小康社会才能顺利开启现代化建设新征程，并为未来30年基本实现现代化奠定基础。不要以为未来30年的现代化建设仅仅是今天全面建设小康社会的简单延续，它是更高阶段上的国家建设，必将面临更多更大的新问题、新挑战，现代化的最终实现需要更先进的理念、更宽广的视野、更宏大的战略、更严酷的斗争，是思维方式、经济模式、生产方式乃至文明形态的根本转变和飞跃。因此，习近平总书记反复强调我们正在进行的是“具有许多新的历史特点的伟大斗争”，要求我们明确新的发展理念、制定新的战略规划，必须更多地从现代化的未来反观和审视我们今天全面建设小康社会的实践，更主动地对接现代化的新征程。我们党在这个时期的一切路线、方针、政策和发展规划，也必须充分体现这一历史定位和历史任务，为开展这种伟大斗争树立起明确的目标和正确的方向。在五中全会上，他特别强调“全面建成小康社会是实现社会主义现代化建设第三步战略目标必经的承上启下的发展阶段”，要求“全党要承接好历史、开创好未来”，以五大发展理念为引领，把“十三五”规划建议描绘的宏伟蓝图变成现实。总书记的要求，充分表现了新一代领导人立足现实、面向未来的雄心壮志和高瞻远瞩。

总之，发展理念具有战略性、纲领性、引领性，是发展行动的先导，是发展思路、发展方向、发展着力点的集中体现，不仅管全局、管根本，而且管方向、管长远。在未来5年里，要想如期实现全面小康，开启我国现代化建设新征程，就必须牢固树立和始终坚持“创新、协调、绿色、开放、共享”五大理念，以新理念引领和指导新实践，以新理念推动和实现新发展。

（原载2015年12月15日《光明日报》，收入本书时略有修改）

目 录
CONTENTS

遵循“六个坚持” 实现全面小康

贯彻全会精神 坚实前行步伐

全面建成小康社会 开启现代化新征程

五中全会视野下的全面小康与现代化

唐洲雁

党的十八届五中全会对全面建成小康社会作出了新的重大战略部署，会议讨论通过的关于“十三五”规划的建议，描绘了全面建成小康社会的时间表和路线图。可以说，历史发展到今天，我们已经站在了全面小康的大门口。站在这样一个时间节点上，我们来讨论一下究竟什么是全面小康、怎样建成全面小康，以及实现全面小康之后，我们要以为什么样的思想为统领、向什么样的新目标去进发，都具有十分重要的现实意义。

一、全面小康与“十三五”规划的制订

现在大家都在谈全面小康、谈“十三五”规划，那么，全面建成小康社会究竟是怎么来的？“十三五”规划在实现全面小康进程中将会起到什么样的重要作用？这些都是我们首先需要搞清楚的问题。

（一）全面小康的由来与发展

所谓小康社会，实际上是中国人民长期以来追求的一个美好梦想。早在《诗经》里就提到了“小康”这个词。康有为在《大同书》中，曾经对小康社会作过一个描述，表达了中国人对衣食无忧、满足温饱生活的向往。1979 年，日本首相大平正芳前来中国访问，问中国式的现代化到底是什么样子？邓小平回答是“小康之家”①，也就是今天我们所说的小康社会。此后，邓小平每次

① 《邓小平文选》第 3 卷，人民出版社 1994 年版，第 237 页。

见到外宾，几乎都要谈到小康社会的目标问题，越谈思路越明确。到十三大前夕，大致形成了这样的战略设计：即从 1981 年到 20 世纪末，花 20 年时间，翻两番，达到小康水平。在这个基础上花 50 年时间，也就是到 21 世纪中叶，达到中等发达国家水平，基本实现现代化。今天，我们把邓小平的这一战略设计称之为“翻两番、三步走”，邓小平也因此获得了当代中国改革开放总设计师的称号。

世纪之交，我们实际上已经提前完成了原定的小康社会发展目标。所以党的十五大提出“进入”小康以后，还有一个“建设小康”的问题。当时提出一个新的“翻两番、三步走战略”，即在 21 世纪头 20 年翻两番，基本建成小康社会，再用 30 年左右的时间，基本实现现代化。正因为如此，后来十六大、十七大都提“全面建设小康社会”的目标任务。在此基础上，十八大做出“全面建成小康社会”的新部署，明确要求到 2020 年全面建成小康社会。

从邓小平的“进入”，到江泽民、胡锦涛的“建设”和“全面建设”，再到习近平的“全面建成”，表明了我们党对什么是小康社会、如何建设小康社会认识的深化，意味着全面建成小康社会的目标更明确、要求更严格，对未来发展的信心也更加充足！

（二）如何才能实现全面小康？

党的五中全会把未来 5 年看作是实现全面小康的决胜阶段。那么，我们即将建成的全面小康到底是什么样的小康？如何才能实现这样的小康？

按照五中全会的表述，全面建成小康社会的目标是到 2020 年国内生产总值和城乡居民人均收入比 2010 年翻一番，经济保持中高速增长，产业迈向中高端水平，人民生活水平和质量普遍提高。国民素质和社会文明程度显著提高。生态环境质量总体改善。各方面制度更加成熟更加定型，国家治理体系和治理能力现代化取得重大进展。① 由此可见，全面小康社会实际上是一个更加注重质量，更加强调全面、协调、发展、进步的社会。

全面小康，顾名思义，关键是“全面”。如果说“小康”讲的是发展水

---

① 《人民日报》2015 年 10 月 30 日。

平，那么“全面”讲的则是发展的平衡性、协调性、可持续性。可以说，这个“全面”，除了它覆盖的领域要全面，是“五位一体”的全面进步；它覆盖的人口要全面，是惠及全体人民的小康；它覆盖的区域也要全面，是城市乡村共同的小康。总之，全面小康是包括老少边穷每一个地区在内，经济、政治、文化、社会、生态每一个领域在内，不让任何一个人、一个阶层、一个民族掉队的小康。正如习近平总书记所强调的那样，全面建成小康社会，“最艰巨最繁重的任务在农村、特别是在贫困地区”，“小康不小康，关键看老乡”。因此，我们“决不能让困难地区和困难群众掉队”，“不能丢了农村这一头”。同时，也“决不能让一个苏区老区掉队”。当然，全面实现小康，56 个民族都要达到，“一个民族都不能少”。①

对于“全面”的内涵，这次五中全会又作了进一步的拓展，提出了一个新理念，叫共享，强调要使全体人民在共建共享发展中有更多获得感，增强发展动力，增进人民团结，朝着共同富裕方向稳步前进，实现全体人民共同迈入全面小康社会。

为了达到共享的目的，习近平总书记在规划建议中提出，“十三五”规划必须紧紧扭住全面建成小康社会存在的短板，在补齐短板上多用力。其中特别提到农村贫困人口脱贫的问题，认为这是一个突出短板，必须全力做好补齐短板这篇大文章。为此，他强调要通过实施脱贫攻坚工程，实施精准扶贫、精准脱贫，解决 7017 万农村贫困人口的脱贫问题。②

可以说，在建设全面小康的道路上，从当年强调允许和鼓励一部分地区、一部分人先富起来，到今天强调“一个都不能少”，这是我们方针政策的一个重大战略转变，是我们对如何实现共同富裕目标、如何实现全面小康认识和实践的进一步深化，具有十分重大而深远意义。

（三）“十三五”规划将会对全面建成小康社会作出新的重大战略部署

现在离 2020 年实现全面小康，满打满算只有 5 年时间。怎样确保在这 5 年

---

① 《“四个全面”学习读本》，人民出版社 2015 年版，第 56 ~ 59 页。

② 习近平《关于〈中共中央关于制定国民经济和社会发展第十三个五年规划的建议〉的说明》，《人民日报》2015 年 11 月 4 日。

内如期实现全面小康的各项目标，关键是要制定好“十三五”规划，明确我们的发展理念，出台全面小康的指标体系，并以此作为今后落实和验收的依据。

毫无疑问，“十三五”规划作为我国经济发展进入新常态后的第一个五年规划，必须适应新常态、把握新常态、引领新常态。新常态下，我国经济发展表现出速度变化、结构优化、动力转换三大特点，这些变化不依人的意志为转移，是我国经济发展阶段性特征的必然要求。因此，我们制定“十三五”时期经济社会发展规划，必须充分考虑这些趋势和要求。

比如，从经济指标来说，按照十八大提出的要求，到2020年全面建成小康社会之时，国内生产总值和城乡居民人均年收入要比2010年翻一番。据有关部门当时的测算，实现这个翻番，未来七八年GDP年均增长必须保持在7.1%左右，城乡居民人均年收入必须保持在7%左右。这次五中全会提出了经济发展保持中高速的概念，认为到“十三五”末也就是2020年全面建成小康社会期间，我国年均经济增速至少要达到6.5%以上。比十八大后的预测有所降低。

但无论是十八大之后的7%以上，还是五中全会调整的6.5%以上中高速，都是一个不低的速度。回顾从1978年到2012年的35年，我国GDP年均增长率是9.9%，城乡居民人均收入年均增长率是7.4%。但是近两年来经济增长和人均收入增长都开始放缓脚步，经济下行的趋势从去年第四季度进一步显现出来，未来几年经济下行的压力可能会更大。据报道，今年第三季度GDP增长率已经跌破7%，直抵6.9%。如果GDP和人均居民年收入增长连续跌破7%，甚至出现6.5%以下的增速，那么到2020年实现再翻一番的难度就会很大，这就意味着全面建成小康社会的难度也会增大。

因此，要全面建成小康社会，各个方面的建设都很重要，但是我们无论如何不能放松发展经济这根弦。我们一定要牢记我国处于并将长期处于社会主义初级阶段的最大国情和最大实际，始终把发展作为解决当代中国所有问题的关键，聚精会神搞建设、一心一意谋发展，千方百计把蛋糕做大；一定要按照总书记视察吉林时所强调的那样，积极适应和主动把握我国经济发展进入新常态的趋势性特征，坚持变中求新、变中求进、变中突破，走出一条质量更高、效益更好、结构更优、优势充分释放的发展新路[①]；一定要认真贯彻落实这次五中全会精神，坚持发展是第一要务，以提高发展质量和效益为中心，加快形成引领经济发展新常态的体制机制和发展方式；一定要牢固树立并切实贯彻五中全会提倡的创新、协调、绿色、开放、共享的发展理念。可以说，这“五大发展”理念是关系我国发展全局的一场深刻变革，更加全面系统深刻地回答了我们要实现什么样发展、怎样发展这一重大时代课题。因此它们不仅仅是“十三五”期间，而且在建成全面小康之后，仍然会发挥深远的影响和指导作用。

总之，“十三五”规划不仅是实现全面小康的时间表，而且是实现全面小康的路线图；不仅仅要规划今后5年经济发展的指标，而且要贯彻五大发展理念，特别是要根据这些新的理念，对全面建成小康社会所要完成的各项任务和目标都要作出进一步加以细化、分解，建立起更加直观和可操作的全面小康指标体系。这一指标体系包括经济、政治、文化、社会和生态文明建设五个方面的发展，是一个五大建设相互协调、相辅相成的综合指标体系；同时也是东中西部不同地域、老少边穷不同地区、城市乡村不同地方都要达到全面小康的综合指标体系。

（四）善于制定战略规划，是中国共产党人取得胜利的一个重要法宝

在战争年代，每到一个历史的转折关头，毛泽东都要制定出新的战略规划。抗战之初，他写《论持久战》，分析敌我力量对比，制定战略战术，预言最后的胜利属于中国。后来的历史发展充分证明了这一点。解放战争开始后，毛泽东不仅分析了国共内战的走向，而且成功预言它所经历的三个阶段，包括战略防御、战略相持、战略进攻，并一再调整我们的战略规划，最终提前建立了新中国。

新中国成立后，我们党更加重视战略规划和设计。三年恢复时期刚过，就抓紧制定过渡时期总路线，提出“一五”计划，至今已经执行了60多年（中间1963~1965年因故调整了3年）。1956年，过渡时期刚一结束，我国就制

① 转引自《变中求新，适应发展新常态——论学习贯彻习近平总书记吉林调研重要讲话精神》，《人民日报》2015年7月23日。

定了12年《科学技术发展远景规划》（1956~1967），其中就包括“我们也要搞一点原子弹”；“大跃进”时期，也有一个“总路线”，是“三面红旗”之一。“大跃进”虽然失败了，“总路线”也有许多不切实际之处，但有规划总比没有规划好。后来毛泽东总结说，这几年之所以有失误，一个重要原因，就是我们有了“总路线”，还没有具体领域的方针政策和战略规划，一些大的思路和想法无法落地。所以后来纠正“大跃进”的失误，一个重要措施，就是制定各个领域、各个部门的战略规划，包括农业60条、工业70条、高教70条，等等，都是那个时期制定出来的。特别是农业60条，在“文革”那么乱的时候都还在坚持，这是难能可贵的。

到了改革开放历史新时期，邓小平对战略规划和设计更加重视。前面说到的翻两番、三步走，都是重大的战略设计。后来江泽民又设计了新三步走战略。可以说，到今天我们制定“十三五”规划，成为习近平总书记最关心的问题之一，这也是总结了我们党和国家历史上的经验教训的。

据统计，十八大以来，习近平总书记在短短3年时间里，到23个省市区进行了35次调研，7次提到“十三五”规划。在接见外宾和出国访问中，也有5次提到“十三五”规划。这次在五中全会上，他又改变惯例，亲自做关于“十三五”规划的说明。其重视程度，由此可见一斑。

习近平同志为什么如此重视“十三五”规划？因为这是新一届中央领导集体任期内第一个完整的五年规划，它不仅是我们实现第一个“一百年目标”的最后一个五年规划，而且是承接第二个“一百年目标”的第一个五年规划，一手托着全面小康社会，一手开启现代化新征程，承接过去、现在和未来。正因为如此，我们认真学习贯彻五中全会精神和习近平同志关于“十三五”规划建议的精神，就显得尤为重要。

二、开启现代化建设新征程

到2020年实现全面小康，这只是历史赋予以习近平同志为总书记的新一届中央领导集体的重大使命之一。与此同时，新一届领导集体还将肩负起更加重大的历史使命，这就是开启我国社会主义现代化建设的新征程。

（一）要准确把握从十八大到二十大这10年间的历史定位和历史任务

众所周知，从党的十八大到二十大，这是以习近平同志为总书记的党中央治国理政的历史时期。从时间上讲，就是从2012年到2022年的10年时间。这是一个承前启后的重要时期。它的显著特征，就是实现全面小康、开启社会主义现代化建设新征程。

全面建成小康社会和开启现代化建设新征程，这两大历史任务既相联系又有区别，只有全面建设好小康社会才能顺利开启现代化建设新征程，并为未来30年基本实现现代化奠定基础。不要以为未来30年的现代化建设仅仅是今天全面建设小康社会的简单延续，它是更高阶段上的国家建设，必将面临更多更大的新问题、新挑战，现代化的最终实现需要更宽广的视野、更宏大的战略、更严酷的斗争，是经济模式、生产方式乃至文明形态的根本转变和飞跃。因此，习近平总书记反复强调我们正在进行的是“具有许多新的历史特点的伟大斗争”。我们应该更多地从实现现代化的未来反观和审视我们今天全面建设小康社会的实践，更主动地对接未来现代化的新征程。换言之，我们必须全面规划好现代化建设的新蓝图，决不能认为它离我们还很远，还用不着操心。要知道，国际上在现代化建设道路上半途而废、前功尽弃的国家比比皆是，在中等收入陷阱里苦苦挣扎的国家也为数不少。我们时刻不能忘记它们的教训。

由此可见，从党的十八大到党的二十大，我们党既要率领全国人民成功地全面建成小康社会，也要科学认识和谋划未来30年的现代化建设全局，积极开启现代化建设新征程。这就是党的十八大到二十大的历史任务和历史定位。

基于这样的认识，从现在开始，我们就应该及时作出“目前我国正处于全面建成小康社会、开启现代化建设新征程的历史时期”这样一个时代判断，使全党同志和全国人民都要明白我们所处时期的历史定位和历史任务，自觉开展这种新时期“具有许多新的历史特点的伟大斗争”。党在这个时期的一切路线、方针、政策和战略、策略，也都要体现这一历史定位和历史任务，为开展这种伟大斗争树立起明确的目标和正确的方向。

（二）善于把握时代特征，确定历史任务和奋斗目标，是共产党人的优良传统

众所周知，列宁是运用马克思主义基本原理解决俄国革命实践的第一人。他对当时的时代特征有一个准确的判断，就是认为自己所处的时代是帝国主义和无产阶级革命的时代，在这样的时代，由于帝国主义的链条中存在着薄弱的环节，无产阶级可以采取暴力革命的方式，赢得自己的政权。正是根据这样的时代判断，他领导十月革命取得了胜利。

在中国，以毛泽东为代表的中国共产党人对于旧中国的社会性质、主要矛盾、共产党人面临的主要任务和奋斗目标，也是花了大力气去加以认识和把握的。一直到 1940 年的《新民主主义论》才算彻底搞清楚，中国是半殖民地半封建的社会，我们的革命任务是反帝反封建反官僚资本主义，推翻三座大山，为此中国革命必须分两步走，等等。具体的认识过程，则是一个更加艰巨、复杂的漫长过程。

比如中共二大就明确提出要反对帝国主义，所以当时最先开展的是工人运动，而不是农民运动。

后来在苏联和共产国际的帮助下实行国共合作，开展大革命。当时的北伐军所向披靡，受到广大农民的欢迎，也因此触动了封建根基，导致大革命的失败。

正是从大革命的失败中，中国共产党人认识到，我们的革命不仅要反对帝国主义，而且要反对封建主义；而要反对封建主义，就必须开展土地革命。第一次国内革命战争之所以叫土地革命战争，原因就在这里。而毛泽东为什么能够成功，在党内能够脱颖而出，就在于他搞过农村调查，善于开展土地革命。上井冈山的时候，他对形势的判断是，帝国主义及其在中国的代表势力——封建军阀正在进行混战，这就为工农武装割据留下了缝隙，工农红军可以在这些缝隙里生存、发展、壮大，星星之火、可以燎原，走农村包围城市的道路，最后能够武装夺取政权。这个理论，与列宁说的帝国主义的薄弱环节，如出一辙。

抗战胜利前夕，毛泽东对形势的判断是，国民党占压倒优势，中国革命要

分两步走，中国共产党必须争取加入联合政府，并争取取得领导权。所以在中共七大上，他做了《论联合政府》的报告。到 1949 年初，国民党败局已定，毛泽东在西柏坡召开中共七届二中全会，提出随着国内主要矛盾即将出现的变化，要实现工作重心的转移，即从过去战争年代以农村为中心，转到建设年代以城市为中心。正因为以城市为中心，所以要特别警惕资产阶级的糖衣炮弹。这就为新中国的成立和建设做好了充足的准备。

改革开放之初，邓小平也是首先对时代主题进行了重新判断，认为已经从冷战转向和平与发展，从而提出要坚持以经济建设为中心，开启了改革开放历史新时期。这以后，他反复强调要把握战略机遇期，隔几年上一个台阶。

到了世纪之交，虽然时代主题没有发生大的变化，但也表现出了一些不同的阶段性特征。比如，信息化、经济全球化的浪潮扑面而来，随着中国加入 WTO 和建立社会主义市场经济体制，面临许多新问题新挑战，在这种时代背景下，中国共产党要应对各种挑战，就必须始终做到“三个代表”，才能立于不败之地。

到了新世纪新阶段，虽然仍然处于战略机遇期，但各种矛盾更加集中突出，如何实现可持续发展成为突出问题，科学发展观由此应运而生。

现在，历史的接力棒传到了以习近平同志为总书记的新一代领导集体手中。这一代人肩负着承前启后的历史使命。十八大和十八届五中全会都强调，我们仍然处于大有作为的战略机遇期，只不过这个战略机遇期的内涵和条件发生了许多新的变化。五中全会还从五个方面深刻分析了这些新的变化，强调我国发展重要战略机遇期，正在由原来的加快发展速度的机遇，转变为加快经济发展方式转变的机遇；正在由原来规模快速扩张的机遇，转变为提高发展质量和效益的机遇。这就要求我们必须准确把握这些新的变化和特征，沉着应对，赢得主动，赢得优势，赢得未来，确保到 2020 年实现全面建成小康社会的宏伟目标，为即将开启现代化新征程做好准备。

（三）要抓紧制定中国现代化的远景规划

随着“十三五”计划的展开和完成，我们即将开启现代化新征程。那么，我们所要开启的现代化到底是什么样子？它究竟要达到什么样的发展目标？这也是新的中央领导集体亟需思考的重大战略问题。正是在思考的过程中，习近平总书记提出了实现中华民族伟大复兴中国梦这样一个宏伟目标，并围绕着实现这个目标，作出了一系列重大战略部署，其中就包括实现全面小康和基本实现现代化两个发展阶段、“两个一百年”战略步骤、“四个全面”战略布局和“一带一路”等一系列战略设计。正如当年邓小平提出建设小康社会，为后来30多年实现“第一个100年”的奋斗目标指明了前进方向一样；现在，中国梦的提出，对于未来30多年实现“第二个100年”的奋斗目标，乃至最终实现中华民族伟大复兴的目标，也必将指明前进方向，具有强大的号召力和凝聚力。

为了确保2050年基本实现现代化，进而实现中国梦，我们就必须对2021年到2050年的发展蓝图有一个明确细致、全面透彻的谋划，向全世界昭告：我们到底要实现什么样的现代化，以及怎样实现这种现代化。我们还必须认识到，未来的这30年并非一帆风顺，既有不断出现的艰难挑战，也有不可多得的历史机遇，只要认真谋划、大胆开拓、谨慎行事，我们就一定会获得最终的胜利。为此，我们有必要继承和发扬新中国成立以来高度重视战略规划与战略设计的优良传统，尽早制定《2021~2050：中国现代化远景规划》。

中国现代化远景规划是一份重要的历史文件。这份文件要使全党同志和全国人民都明白，在未来30年现代化建设的新征程中，我们要做哪些事情、采取哪些举措、经历哪些阶段、克服哪些困难、实现哪些目标，切实发挥其凝聚人心、鼓舞斗志、万众一心、共创辉煌的作用，确保到2050年基本实现现代化。

基于这样的认识，从现在起我们就应该认真研究和着手制定这样的远景规划，在2020年实现全面小康的时候，以党中央、国务院的名义正式向全党、全国乃至全世界发布，吹响向2050年挺进、基本实现现代化的战斗号角。

三、中国现代化战略思想的形成与发展

党的十八大以来，中国特色社会主义事业进入新阶段，遇到了许多新情

况、新问题、新挑战，新一届中央领导集体积极应对，不断总结新的经验和认识，提出新的战略和策略，其中就包括全面小康和基本现代化两个发展阶段、“两个100年”战略步骤、“四个全面”战略布局，以及“一带一路”等一系列重大战略设计。这些新思想、新观点、新论断，从总体上看都是围绕实现中国梦，也就是实现中国特色现代化，所作出的一系列重大战略部署，已经形成了一个初步的思想体系。如何对这个思想体系进行科学的概括和表达？目前理论界、学术界已经有过许多不同的提法，包括习近平治国理政思想、中国梦战略思想、“四个全面”战略思想，等等，可谓仁者见仁，智者见智。

所谓治国理政思想，就像内政外交国防、治党治国治军等等提法一样，作为这个理论体系的外延描述，并无不可，但它们并没有完全反映出这个思想体系的内涵，因此这里姑且不去讨论。至于中国梦战略思想、“四个全面”战略思想等提法是否能够完整准确地反映总书记十八大以来系列重要讲话精神？对此，关键是要搞清楚以下几点：第一，中国梦的本质是什么？是一个战略目标还是一个思想体系？第二，“四个全面”的本质是什么？是一个战略布局还是一个思想体系？第三，全面小康的本质是什么？它与“四个全面”以及中国梦又是什么样的关系？

（一）中国梦的本质是实现中国特色现代化

现在大家都在谈中国梦。所谓中国梦，实际上是现代化的一种中国式表达，是中国人民长期以来实现现代化的伟大追求和伟大梦想。因为实现现代化不仅包含了中华民族伟大复兴的精神实质，而且包含了国家富强、民族振兴、人民幸福的时代主题。说到底，中华民族伟大复兴不是要恢复到历史上哪一个曾经鼎盛的朝代，而是要实现近代以来中国人民一直孜孜以求的现代化目标。可以说，现代化不仅仅是世界的，而且也是中国的，是中国人民长久以来的梦想。从这个意义上说，现代化乃是中国梦的一种世界性表达。惟其如此，中国梦才能够真正与世界梦相通相连。如果有人离开了现代化的基本内涵去说中国梦，实际上就是痴人说梦。所以说，中国梦的本质，就是要实现中国特色的现代化。

（二）全面小康实质上是中国特色现代化的阶段性目标

光搞清楚中国梦的本质还不够，还必须搞清楚全面小康的本质。可以说，全面小康本质上就是实现中国梦的阶段性目标。众所周知，全面建成小康社会是2020年要达到的目标，而2020年以后我们的奋斗目标到底是什么？毫无疑问，这个新的奋斗目标就是前面所说的，开启现代化建设新征程，在基本实现现代化的基础上，实现中华民族伟大复兴中国梦。也就是说，到了2020年以后，“四个全面”并不会因此就剩下“三个全面”，而是其中的“全面建成小康社会”，将会被“全面开启现代化建设新征程”所取代，成为新阶段的战略目标。正因为如此，习近平总书记把实现全面建成小康看作是“实现中华民族伟大复兴中国梦的关键一步”，也就是说，把全面小康放在中国梦的大格局中，看作是中国梦也就是中国特色现代化的阶段性目标。

（三）“四个全面”的本质是实现中国梦的战略布局

正是为了实现中国梦这个远大目标，习近平总书记于去年12月创造性提出并推动形成了“四个全面”战略布局。这个战略布局，既有战略目标，也有战略举措，它们相辅相成、相互促进，共同托起中华民族伟大复兴的中国梦。

从长远看，“四个全面”战略布局无疑是实现中国梦的奠基性工程。其中全面建成小康社会是实现中国梦的关键一步，全面深化改革是实现中国梦的必由之路，全面依法治国是实现中国梦的法治保障，全面从严治党是实现中国梦的根本保证。它们作为相互支撑、内在统一的整体，统一于我们党治国理政的伟大实践，统一于建设中国特色社会主义现代化的伟大事业，统一于实现中华民族伟大复兴的中国梦。

既然“四个全面”只是托起中国梦的奠基性工程，那么用“四个全面”来统领习近平总书记系列讲话的精神实质，显然是不够全面的。其实，战略目标就是战略目标，战略阶段就是战略阶段，战略步骤就是战略步骤，战略布局就是战略布局，它们共同构成一个战略思想体系，都是这个思想体系中的一个重要组成部分，其中任何一个部分都不能替代整体。那么，这个作为整体的战略体系到底是什么？无疑，这个战略体系就是中国现代化战略思想。

（四）实现现代化是几代中国共产党人共同奋斗的理想和追求

现代化，是近代以来中国人民和中华民族孜孜以求的美好梦想，也是中国共产党自成立以来不懈奋斗的价值追求。

大家知道，工业化是中国人对现代化的最初表述形式。早在新民主主义革命时期，毛泽东就在《论联合政府》中提出过要为中国的工业化而斗争的战略目标。新中国成立后，最初的设想是用大约10到15年的时间，进行工业化的建设，完成从农业国到工业国的转变。经过三年的恢复时期，又进一步把工业化的目标与社会主义的前途结合起来，提出了“一化三改”的过渡时期总路线。“一化”是什么？“一化”就是社会主义工业化。后来正是在此基础上，逐步提出了四个现代化的战略目标和两步走的发展战略。在毛泽东时代，有一个响亮的口号，叫建设社会主义现代化强国。这个口号，在我们全面建成小康社会的今天，其实也并不过时。

邓小平复出以后，继续高举四个现代化的旗帜，坚持四个现代化的奋斗目标。在改革开放之初，他说得最多的一句话就是“一心一意地搞四个现代化”，并认为这是当前最大的政治。正是在此基础上，他后来逐步提出了翻两番、三步走的发展战略，而其中的小康社会，就是中国式的现代化，是现代化发展的一个特定阶段。从这个角度来说，我们不能把全面小康与现代化割裂开来，而应像习近平总书记说的那样，把全面小康看成是现代化的阶段性目标，是实现现代化、实现中国梦的关键一步。也正是在这个意义上，我们说新一代领导人承前启后，承前，就是要在继承前人奋斗的基础上实现全面小康；启后，就是要开启未来中国现代化建设新征程，为实现几代中国共产党人所追求的现代化强国目标打下坚实的基础。

（五）中国现代化战略思想是一个包括战略目标、战略阶段、战略步骤、战略布局的科学思想体系

党的十八大以来，新的中央领导集体围绕实现中国梦，作出了一系列重大战略部署，上升到理论形态，就是实现中国梦重大战略思想。考虑到中国梦的实现与全面建成小康社会、基本实现现代化是同步并进的过程，中国梦本身就是现代化的中国式表达，或者说现代化本身就是中国梦的世界性表达，因此我

们可以把这些实现中国梦重大战略思想，称之为“中国现代化战略思想”。如果按照过去的惯例还要加一个主语的话，则可以称之为“习近平现代化战略思想”。

所谓战略思想，既是对未来的一种规划，也是对现实的一种部署。只要这种规划和部署承接历史、符合现实、面向未来，必将成为全党的行动指南。从党的十八大到二十大，是从“第一个100年”奔向“第二个100年”的伟大历史时期。它既是面向中国特色社会主义现代化的历史时期，也是追求中华民族伟大复兴中国梦的关键时期。可以说，实现“中国梦”、实现现代化，已经上升为我们这个时代的主题。因此，党在这个时期提出的一系列新思想、新观点、新论断，都可以也应该归属于“习近平现代化战略思想”。

“习近平现代化战略思想”，无疑是中国特色社会主义理论的伟大创新，是中国特色社会主义理论与时俱进的伟大成果，是以习近平同志为总书记的党中央的伟大理论贡献，是对党的历代领导集体关于现代化建设理论和实践的继承与发展。它们本质上是要回答“中国到底要建设什么样的现代化，以及怎样建设现代化”的问题，或者说是要回答“我们要建设什么样的现代化强国，以及怎样建设现代化强国”的问题。正因为如此，我们说现代化才是这一重大战略思想的真正主题。

（原载《东岳论丛》2015年第12期、
2015年11月11日《大众日报》，收入本书时略有修改）

中国经济面临的发展趋势、挑战与战略抉择

——把2050年中国现代化问题提上议事日程

韩民青

习近平总书记指出，现在我们比历史上任何时期都更加接近中华民族伟大复兴的目标。事实的确如此——5年内的2020年，我们将实现全面建成小康社会的第一个“百年梦想”；再过35年的2050年，我们将实现现代化的第二个“百年梦想”。目前，我国经济正处于空前的大转折时期，经济发展方式、发展形态、发展路径都处在新的探索和改变之中。如何认识当前我国经济面临的发展趋势、挑战与战略抉择和如何探索2050年如期实现现代化的发展战略纠缠在一起，成为我们不得不格外予以重视和认真研究的重大问题。

一、中国经济的转型发展：GDP增速趋缓难以避免

世界各国的发展经验表明，不同发展阶段的经济增速是不同的，所处发展阶段越高增速越慢。首先，这是因为GDP基数越大增速越慢。例如，人均GDP达到10000美元时，日本韩国等国家的经济增速均下降了近50%。现在发达国家的经济增速大多在2%，由于人口的增加可以达到3%左右。其次，还有经济结构变化的原因，如产业结构中服务业占GDP比重超过制造业、需求结构中消费超过投资，经济增速也会下降。其中的原因主要在于，服务业和消费形成的劳动生产率和拉动作用要低于制造业和投资形成的劳动生产率和拉动作用。目前，我国三次产业劳动生产率的比例是：1∶8∶3.6，二产劳动生产率是一产劳动生产率的8倍、三产劳动生产率的2.2倍。分析经济增长趋势的

公式是：潜在经济增速=劳动生产率增速+劳动力供给增速，在劳动力供给基本不变的情况下，劳动生产率增速几乎等于经济增速。所以，努力提高劳动生产率对于经济增长是至关重要的。

由此可见，在经济结构发生从制造业和投资为主导转向服务业和消费为主导时，经济增速趋缓就是难以避免的。这个理由可以成为解释我国最近几年经济增速趋缓的主要原因。当然，我们可以进一步发问：为什么我国制造业和投资的占比和增速会发生下降呢？事实表明，我国经过30多年的快速工业化已经成为全球最大的制造业国家，是名副其实的“世界工厂”。请看以下事实：

2014年，中国生产的个人计算机占世界产量的90.6%，

中国生产的空调占世界产量的80%，

中国生产的彩电占世界产量的50%，

中国生产的冰箱占世界产量的65%，

中国生产的手机占世界产量的70.6%，

中国生产的汽车占世界产量的55.6%，

中国生产的工程机械占世界产量的43%，

中国生产的船舶吨位占世界产量的45.1%，

中国生产的水泥占世界产量的60%，

中国生产的钢占世界产量的50%，

中国生产的太阳能电池板占世界产量的80%，

中国生产的煤占世界产量的50%。

与此同时，严酷的问题也摆在了我们的面前：许多制造业行业都面临产能过剩，国内市场和国际市场都难以消化我们的过剩产品。当前，国内外市场疲软和产能过剩成为我国经济面临的最严重的挑战。在这样严重的产能过剩面前，许多制造业行业的发展已经饱和，生产峰值已经来临，增长的势头必然下降。对制造业的投资比重最大，其次还有房地产业、基础设施也是投资大头，这都出现了不同程度的饱和迹象。于是，有效投资的速度也必然要降下来。

有的专家曾经预言：我国的人均GDP还不高，2008年时仅仅是美国的21%，相当于日本在1951年、韩国在1977年和美国的差距，日本韩国此后都

经历了20多年的高速发展，因此，我国的经济增长也可以保持20多年8%的增长潜力。

表面上看，这种预言似乎有一定道理，但深入思考下去问题就来了。问题的关键在于：我国自身的国情和现在所处的世界经济大背景与日本韩国都不同。首先，我国在人口规模上大体相当于10个日本或28个韩国，我国的工业生产力如果发展到日本和韩国的水平那就是10个日本或28个韩国的工业生产力，试想一想，世界市场可以轻易容下一个日本或一个韩国的工业生产力，但能容下10个日本或28个韩国工业生产力同时爆发吗？显然不能。其次，日本在1951年、韩国在1977年时的世界经济大背景也大大不同于现在，世界工业生产力的发展早已今非昔比，工业品的世界市场空间也几乎所剩无几。所以，经过30多年高速发展的中国已不可能再像日本韩国当年那样高速发展了。中国经济必须面对的现实是：增速逐步放缓难以避免。

在世界上也有这样的事实，这就是一些发展中国家在尚未经历充分的工业化发展之前就出现了服务业占比超过制造业的现象。其实，这是一种畸形的情况，这些国家的服务业并不是建立在工业化基础上的现代服务业，而是一些落后的传统服务业。但这也说明了这些国家为什么经济会长期处于停滞状态而不能快速发展起来的原因。中国经济30多年的高速增长本质上就是一个快速工业化的过程，也就是从低劳动生产率的农业生产转向高劳动生产率的工业化生产的过程。现在，开始发生新的转变，即从高劳动生产率的工业生产转向劳动生产率较低的服务业，经济增速趋缓也就是必然的了。但是，我国劳动生产率总体上仍不高，仅相当于美国的20%、韩国的30%，这正是我们的发展潜力所在。

现在有一个问题需要引起我们的注意。服务业占比超过制造业，日本是在人均GDP15000美元、韩国是在人均GDP13000美元，这时的日本和韩国都进入了高收入国家，而我国服务业占比超过制造业则是在人均GDP7000美元的时候，距离高收入国家还有一大截子。显然，我国的工业化不仅走在了城市化前头，也走在了国民收入的前头，工业化红利过早消失，“未富先虚”。如果把服务业占比超过制造业看作经济增速趋缓的开始，那么我们就可以进一步把这时的人均 GDP 数值看作经济增速趋缓的拐点。由此看来，随着全球范围工业化的发展，工业化的资源、环境、市场空间都会逐步缩小，工业化的经济增长空间也会逐步缩小，处于工业化不同发展时期的国家会面临越来越低的经济趋缓拐点。如果说日本韩国在 20 世纪末还能在服务业占比超过制造业、经济增速趋缓之前进入高收入国家，那么中国就没有那么幸运了，在人均 GDP7000 美元时就进入了经济增速趋缓的拐点。根据这样的逻辑，今后的印度可能会更不幸，估计在人均 GDP5000 美元左右时就会进入经济增速趋缓的拐点，试图在短时期内赶上中国的想法更是不靠谱。

二、中国经济增速趋缓或将导致长期处于“初等发达国家”而不能如期实现现代化

我国经济结构发生从制造业和投资为主导转向服务业和消费为主导的过程要经历一个时期，所以经济增速逐步趋缓也会经历一个时期。现在，我们关心的是：我国 GDP 增速趋缓最终会出现一个什么样的状况？

从 2010 年到 2015 年，我国经济增速趋缓的过程是：10.4%，9.3%，7.7%，7.7%，7.3%，7%。5 年下降了 3.4 个百分点。与此同时，我国服务业占比从 43% 上升到 50%，5 年上升了 7 个百分点。从这里看，服务业占比每上升 2 个百分点 GDP 增速就下降 1 个百分点。显然，这种比例关系并不是一种规律性，但可以肯定的是，GDP 增速趋缓和服务业占比上升是相关联的。国务院发展研究中心刘世锦团队在其《中国经济增长十年展望》系列研究成果中对我国 GDP 下降和服务业占比上升做出了详尽的预测。他们的预测是：从 2013 年到 2024 年 10 年间，GDP 增速将从 7.7% 下降到 5.4%，服务业占比将从 46.9% 上升到 60.6%。从这里看，服务业占比每上升 5.9 个百分点 GDP 增速就下降 1 个百分点。根据以上这些经验和预测看，随着劳动生产率的变化，在一定时间和尺度内，服务业占比大约每上升 5 个百分点 GDP 就会下降 1 个百分点是可信的。这样看来，我国从 2016 年到 2025 年的 10 年间服务业占比将从 50% 上升到 60%，那么 GDP 增速就将从 7% 下降到 5%，这 10 年间

GDP 年均增速大约是 6%。显然，60% 的服务业占比和 5% 的 GDP 增速还不是最终的状况。从目前发达国家的经验看，服务业占比大约上升到 70% 才会稳定下来，同时 GDP 平均增速下降到 3% 也才可能基本触底。所以，随着我国经济从 2026 年到 2035 年的持续发展，服务业占比还会继续上升，估计到 2035 年可达到 70%。同时，GDP 增速也会在 2035 年下降到 3%。从 2026 年到 2035 年的 10 年间 GDP 年均增速将是 4%。这样，5% 以下的一产占比、25% 的二产占比和 70% 的三产占比格局就形成了，3% 的 GDP 增速也会稳定下来。2036 年到 2050 年的 15 年间，我国经济将在服务业占比 70%、GDP 年均增速 3% 的状态中持续发展。但是，很明显，从 2016 年到 2035 年的 20 年间是追赶式发展的时期，我国的人均 GDP 世界排名将不断向前推进，而从 2036 年到 2050 年的 15 年间则是平移式发展，人均 GDP 世界排名将不再向前推进。简单地讲，这就是：2016 年到 2025 年的 10 年间 GDP 年均增速是 6%，2026 年到 2035 年的 10 年间 GDP 年均增速是 4%，2036 年到 2050 年的 15 年间 GDP 年均增速是 3%。

下面，我们来看一下，如按照上述发展速度，我国人均 GDP 在不同时期增长的具体数值是多少（见表 1）。

表 1　　　　中国 2016～2050 年经济发展状况预测

时　间	GDP 年均增速	人均 GDP 增长	备　注
2016～2025	6%	0.8 万～1.43 万	2012 年价格 美元
2026～2035	4%	1.43 万～2.12 万	同　上
2036～2050	3%	2.12 万～3.3 万	同　上

可以这样说，假如没有足以影响发展速度的其他战略抉择，表 1 所表述的发展状况很有可能就是现实的发展轨迹。

我们再来看看，我国上述发展轨迹与进入“高收入国家”“中等发达国家”的关系。世界银行根据国民收入把世界各国划分为如下不同发展阶段（见表 2）。

表 2　　划分发展阶段的人均国民收入门槛标准　　单位：当年价格（美元）

国家分类	1987	1990	2000	2010	2012
低收入	≤480	≤610	≤755	≤1005	≤1035
中低收入	481~1940	611~2465	756~2995	1006~3975	1036~4085
中高收入	1941~6000	2466~7620	2996~9265	3976~12275	4086~12615
高收入	>6000	>7620	>9265	>12275	>12615

世界银行对收入阶段划分的阈值每年会根据美国、日本、英国、欧洲国家的通货膨胀率进行调整，从 1987 年到 2012 年阈值的对比看 25 年的阈值提高了两倍多，每年的复合增长达到 3% 以上。由此可见，每个国家所处发展阶段主要受到 GDP 实际增长的影响，此外还要受到通货膨胀率以及与美元汇率的影响。在这里，为了研究的方便，我们把人均国民收入等同于人均 GDP，把汇率视为相对稳定，把复合增长率 3% 和通货膨胀率（GDP 平减指数 3%）相等同。

为了预测我国从 2016 年到 2050 年的经济发展状况及其所处的发展阶段，我们还需要根据实际情况进一步把高收入国家划分为三个不同阶段和水平，这就是：初等发达国家（初等发达阶段）、中等发达国家（中等发达阶段）和高等发达国家（高等发达阶段），每个阶段相差 1 万美元。具体标准数值如下（见表 3）。

表 3　　高收入国家不同发展阶段的划分标准　　单位：2012 年价格（美元）

发展阶段	具体标准数值	备　注
初等发达国家	（把高收入国家最低标准的 12615 美元简化为 1.3 万美元）1.3 万~2.3 万	在这里，把人均国民收入等同于人均 GDP，把汇率视为相对稳定，把复合增长率 3% 和通货膨胀率（GDP 平减指数 3%）相等同，所以，不同发展阶段的划分数值就能保持相对不变，2012 年的数值可以用于以后年份
中等发达国家	2.3 万~3.3 万	同　上
高等发达国家	3.3 万以上	同　上

按照表 3 的划分，2014 年世界各国的人均 GDP 在高收入国家范围内的有 58 个国家和地区。从第 58 名的哈萨克斯坦到第 35 名的马耳他属于初等发达

国家，从第 34 名的巴哈马到第 28 名的西班牙属于中等发达国家，从第 27 名的意大利到第一名的卢森堡属于高等发达国家。初等发达国家主要是俄罗斯和一些东欧国家，中等发达国家主要是西班牙韩国等国，高等发达国家则主要是西欧北美国家。

我国目前是处于第 83 名的中高收入国家。那么，我国未来的发展趋势是怎样的呢？我国从 2016 年到 2050 年的发展状况将如表 4 所列。

表 4　　中国 2016 ~ 2050 年经济发展阶段预测　　单位：2012 年价格（美元）

时　间	GDP 年均增速	人均 GDP 增长	所处阶段
2016 ~ 2025	6%	0. 8 万 ~ 1. 43 万	2023 年进入高收入国家（初等发达国家）
2026 ~ 2035	4%	1. 43 万 ~ 2. 12 万	处于初等发达国家
2036 ~ 2050	3%	2. 12 万 ~ 3. 3 万	2038 年进入中等发达国家，2050 年进入高等发达国家。

从表 4 的预测看，我国在 2023 年将进入高收入的初等发达国家，2038 将进入中等发达国家，2050 年就会进入高等发达国家。“中等发达国家水平”曾作为我国实现现代化的具体标准，所以，我国将在 2038 年进入中等发达国家从而实现现代化。到 2050 年时，我国将成为高等发达国家，从而成为一流世界强国。

问题是不是到此结束了呢？我国是否真的能在 2038 年或者说 2050 年实现现代化呢？问题还是出在表 3 的划分标准和表 4 的预测中。在表 3 的划分标准和表 4 的预测中忽视了一个十分重要的问题，这就是高收入国家（包括其他发展阶段）的标准并不是固定不变的，而是动态的需要调整的。从表 2 可以看出，在 1987 年到 2012 年的 25 年间世界经济发生了成倍的增长（年增 3%），发展标准需要根据通货膨胀率而不断调整。实际上，在更大的时间跨度中，不包含通货膨胀率的发展阶段标准的绝对值本身也是需要向上提升的。例如，按 2% 的较低世界增长均值计算，高收入国家的人均 GDP 在 35 年后的 2050 年都将翻一番（见表 5）。

表5　2050 年高收入国家不同发展阶段的发展数值　单位：2012 年价格（美元）

发展阶段	具体发展数值	备　注
初等发达国家	2.6 万 ~4.6 万	人均 GDP 数值区间
中等发达国家	4.6 万 ~6.6 万	同　上
高等发达国家	6.6 万以上	同　上

如果按照表5 的发展数值看，我国到 2050 年人均 GDP 达到 3.3 万美元也仍处于当时的初等发达国家之中（2.6 万 ~4.6 万），位列第 45 名前后，并未能进入当时的中等发达国家之列（4.6 万~6.6 万）。所以，表3 的高收入国家发展阶段的划分标准到 2050 年时已是不可行的了。可行的是，应该按照表5 的世界最低增速均值的实际发展数值来调整高收入国家发展阶段的标准和数值。

所以，如果按照表5 的标准看，我国的经济发展到 2050 年也仍然没有达到当时的“中等发达国家水平”而实现现代化，而是从 2023 年进入高收入国家之后长期停滞于“初等发达国家”的泥沼之中。

换句话讲，我们虽然在 2025 年之前顺利跨过“中等收入陷阱”而进入高收入国家，但在这之后又将长期深深陷入“初等发达国家陷阱”之中，从而不能在 2050 年如期实现现代化。

显然，这不能不成为值得我们深入思考和积极应对的战略难题。

三、中国经济在 2050 年进入“中等发达国家”

怎么做才能在 2050 年进入中等发达国家如期实现现代化呢？答案很简单，这就是提高表1 所列的发展增速。表1 列出的增速是：

表1　中国 2016 ~2050 年经济发展状况预测

时　间	GDP 年均增速	人均 GDP 增长	备　注
2016 ~2025	6%	0.8 万 ~1.43 万	2012 年价格美元
2026 ~2035	4%	1.43 万 ~2.12 万	同　上
2036 ~2050	3%	2.12 万 ~3.3 万	同　上

怎样提高这些增速呢？我们尝试列出下面两个方案：

表 6　　提高中国 2016～2050 年经济增速方案 1　　单位：2012 年价格（美元）

时　间	GDP 年均增速	人均 GDP 增长	备　注
2016～2025	6%	0.8 万～1.43 万	2023 年进入高收入国家（初等发达国家）
2026～2035	5%	1.43 万～2.33 万	处于初等发达国家
2036～2050	4%	2.33 万～4.2 万	仍处于初等发达国家未能如期实现现代化

表 7　　提高 2016～2050 年经济发展增速方案 2　　单位：2012 年价格（美元）

时　间	GDP 年均增速	人均 GDP 增长	备　注
2016～2025	6%	0.8 万～1.43 万	2023 年进入高收入国家（初等发达国家）
2026～2035	5%	1.43 万～2.33 万	处于初等发达国家
2036～2050	5%	2.33 万～4.84 万	2050 年进入中等发达国家如期实现现代化

从上述两个增速方案看，2016～2025 年间的年均增速都是 6%，这说明这个期间 6% 的增速变化空间不大，发生变化的主要是提高 2026～2050 年间的经济增速。方案 1 把 2026～2035 年间的增速提高 1 个百分点达到 5%、把 2036～2050 年间的增速也提高 1 个百分点达到 4%，其结果是到 2050 年仍不能进入中等发达国家而实现现代化。方案 2 把 2026～2035 年、2036～2050 年间的增速都提高到 5%，其结果是到 2050 年我国可以进入中等发达国家从而实现现代化，排在大约第 33 名前后即韩国现在的位置。方案 2 实际上就是把 2026～2050 年间的 25 年的增速都确定为 5%，这样表 7 就可以简化为表 8：

表 8　　提高 2016～2050 年经济发展增速方案 2　　单位：2012 年价格（美元）

时　间	GDP 年均增速	人均 GDP 增长	备　注
2016～2025	6%	0.8 万～1.43 万	2023 年进入高收入国家（初等发达国家）
2026～2050	5%	1.43 万～4.84 万	2050 年进入中等发达国家如期实现现代化

这样一简化，提高增速的目标就十分清晰了，这就是从 2016～2025 年的 10 年必须保持 6% 的增速，从 2026～2050 年的 25 年必须保持 5% 的增速。如果说从 2016～2025 年的 10 年保持 6% 的增速已属不易，那么从 2026～2050 年

的25年间保持5%的增速就是难上加难了。

为了研究问题的需要，我们可以把经济增长速度划分为三个水平，这就是：高速增长，在7%以上；中速增长，在7%到3%之间；低速增长，在3%以下。中速增长又可进一步划分：7%～5%是中高速增长，5%～3%是中低速增长。显然，我们要如期实现现代化就必须在未来的35年间始终保持经济增速在6%～5%的中高速水平上。如何保持这样长期的中高速增长呢？这不能不说是一个极其困难的问题。

（一）保持第二产业的较大占比和较高增速，以此保持经济的中高速增长

我们还是需要从上面提到的经济增速趋缓拐点开始分析。我国从20世纪80年代开始经历了30多年的高速发展，其本质就在于这是一个从低劳动生产率的农业生产向高劳动生产率的工业生产的转变，这才使资源、劳力、资本、技术的投入有了较大有效空间并成为推动经济快速增长的现实力量。从2011年经济增速开始下行，原因有很多，但根本点在于传统制造业发展空间受限、经济结构由制造业、投资和出口为主导转向服务业、消费为主导，这是因为后者的劳动生产率和拉动力都要低于前者，表面看则是劳动力成本提高、国内外市场疲软等。说起服务业，也不是所有服务业都是劳动生产率低下，高端服务业、生产性服务业等现代服务业劳动生产率也是比较高的。问题在于服务业的发展是以工业经济的发展为支撑的，如果工业化的发展水平低，作为其上层经济的服务业也不可能是高端的，其附加值、劳动生产率也都不会高。

所以，应对经济增速趋缓的根本举措应该有两条。第一，努力推进第二产业的转型升级，较长时期内保持第二产业的较大占比和较高增速。第二，在第二产业转型升级的支撑下努力提高服务业的水平，大力发展高附加值的现代服务业。

（二）大力推进第二产业的转型升级：积极实施新工业化发展战略

很明显，传统或中低端工业产业的资源、环境尤其是市场空间很有限，产能过剩严重已成为工业高速发展的巨大阻碍，这进一步从整体上导致了我国经济增速逐步下降。实际上，资源、环境和市场不仅制约着经济的发展，同时也是经济发展的条件和平台，问题主要在于资源、环境、市场与生产力的对应

性。现在，传统工业产业面临的资源、环境、市场约束是有特定范围的，假如我们对工业生产力实现了革命性的转型升级，面对新的更高级的工业生产力，原本的资源、环境和市场约束也就不再存在，新的更高级的生产力将开拓出新的更宽广的资源、环境和市场。所以，资源、环境、市场约束的是落后、传统的工业生产力，而不是先进的新工业生产力。

高端高效的新工业化生产力是怎样去开拓和建设的呢？简单地讲，这就需要仰仗新的科技革命和产业革命。目前，在全球范围正在兴起一场新科技革命和产业革命。需要指出的是，迄今为止我们对这场新科技革命和新产业革命的认识还过于零碎和肤浅，没有从物质生产方式、物质生产力的历史性大变革的角度去把握它。严格地讲，它不再是一次工业革命，而是一场后工业革命，超越传统工业化的新工业革命，就像农牧业生产力超越采猎业生产力那样是更高层次的物质生产方式。新工业化将是能源原子化、材料元素化、工艺智能化、生产循环化、环境生态化、活动太空化、对传统工业的替代化的更高级的物质生产方式和新文明形态。

美国二战后保持了60多年近4%的长期稳定增长，它的历史经验表明，必须坚持实施一套“科技创新——产业创新——经济发展”的“创新驱动发展战略”。但是，“创新驱动发展战略”不是空洞的，而是有具体内容的，并且是不断发展变化的。经过深入研究，我们认为目前要实施“创新驱动发展战略”必须要针对当前我国和全球发展所面对的现实挑战和机遇而形成一套包含具体内容的宏观发展战略。当前，我国和全球发展面临的挑战和机遇概括地讲主要是两条：一是包含资源、环境、市场约束的世界范围的工业危机已经来临，中国这样的人口大国不可能依赖传统的工业化实现现代化；二是新科技革命新产业革命形成的新工业革命正在全球兴起，中国现代化面临新的历史契机。针对这个现实，我们认为应当把“创新驱动发展战略”具体和清晰地确定为“中国新工业化发展战略”，以确保我国在新科技革命和新产业革命中顺利实现现代化。中国新工业化发展战略是一项系统工程，战略规划包括总体战略和若干专项战略，主要包括如下10项内容：（1）新工业化科技发展战略，（2）新工业化产业发展战略，（3）新工业化循环经济发展战略，（4）新工业化水资源发展战略，（5）新工业化能源发展战略，（6）新工业化材料发展战略，（7）新工业化生态建设发展战略，（8）新工业化太空开发战略，（9）新工业化教育发展战略，（10）新工业化社会发展战略。

新工业革命的重点是科技革命和产业革命，尤其是第二产业的革命性转型升级。这场革命将带来“新工业化红利”即经济的较高增长：（1）新工业化的新产业开拓与旧产业改造将大幅地不断扩大有效投资，（2）创新的产品将保持全球优势而不断扩大出口，（3）并将促进国民消费转型升级而不断提升消费水平。从总体上看，我国经济增速将在世界平均增速3%的基础上再提高2个百分点，在2026年到2050年乃至以后更长时期保持5%以上的增长速度。这样，到2050年就能顺利实现现代化，在2060年前就能进入高等发达国家行列。

所以，新工业化发展战略是一个能够切实实现中华民族伟大复兴的历史性战略抉择。目前，一场新工业革命已在我国全面兴起。

（原载《山东社会科学报道》2016年1月15日第8期）

全面建成小康社会决胜阶段的战略定位和目标任务

杨金卫

党的十八届五中全会通过的《中共中央关于制定国民经济和社会发展第十三个五年规划的建议》（以下简称《建议》）指出："到2020年全面建成小康社会，是我们党确定的'两个一百年'奋斗目标的第一个一百年奋斗目标。'十三五'时期是全面建成小康社会的决胜阶段，'十三五'规划必须紧紧围绕实现这个奋斗目标来制定。"[①] "决胜阶段"这样的战略定位，标明了全面建成小康社会进入到了一个新的关键节点和最后冲刺阶段，体现了党中央新的发展理念和战略思维，对于推进我国改革发展意义重大而深远。

一、深刻理解"决胜阶段"的时代特点和机遇挑战

小康社会，是中华民族长期以来追求的梦想。《诗经》有云，"民亦劳止，汔可小康"，这是我国历史上最早源出的小康一词。20世纪70年代末80年代初，邓小平提出在20世纪末达到"小康社会"的构想和"三步走"的发展战略。随着改革开放的不断深入和中国特色社会主义建设事业的不断推进，"小康社会"的内涵不断丰富和发展。党的十五大提出"建设小康社会"的历史任务，在党的十六大、十七大提出"全面建设小康社会"目标要求的基础上，

① 《中共中央关于制定国民经济和社会发展第十三个五年规划的建议》，人民出版社2015年版，第1页。

党的十八大明确提出“全面建成小康社会”的新部署。小康社会，从“构想”到“建设”再到“建成”，从“温饱”到“小康”再到“全面小康”，表明了我们党对什么是小康社会、如何建成小康社会和社会主义现代化建设规律认识的深化。

到2020年全面建成小康社会，是我们党向人民和历史作出的庄严承诺。全面建成小康社会是一个宏伟的战略目标，“十三五”时期是全面建成小康社会决胜阶段。党的十八届五中全会，深刻分析“十三五”时期我国发展环境的基本特征，明确提出“十三五”时期我国发展的指导思想，确立全面建成小康社会必须遵循的原则，提出实现全面小康新的目标要求，以强烈的使命意识和问题意识谋划未来，体现了“四个全面”战略布局和“五位一体”总体布局，体现了习近平总书记系列重要讲话精神，体现了十八大以来党中央的决策部署，顺应了我国经济发展新常态的内在要求。十八届五中全会《建议》提出了全面建成小康社会决胜阶段的战略任务，绘就了全面建成小康社会决胜阶段的宏伟蓝图，是今后五年经济社会发展的行动纲领。

回望“十二五”时期，我国改革开放和经济社会建设取得巨大成就。我们党和国家妥善应对国际金融危机持续影响等一系列重大风险挑战，适应经济发展新常态，不断创新宏观调控方式，推动形成经济结构优化、发展动力转换、发展方式转变加快的良好态势。我国经济总量稳居世界第二位，13多亿人口的人均国内生产总值增至7800美元左右。第三产业增加值占国内生产总值比重超过第二产业，基础设施水平全面跃升，农业连续增产，常住人口城镇化率达到55%，一批重大科技成果达到世界先进水平。公共服务体系基本建立、覆盖面持续扩大，新增就业持续增加，贫困人口大幅减少，生态文明建设取得新进展，人民生活水平和质量加快提高。全面深化改革有力推进，依法治国开启新征程。对外开放不断深入，我国成为全球第一货物贸易大国和主要对外投资大国，国家文化软实力不断增强。全面从严治党开创新局面，党风廉政建设成效显著，赢得了党心民心。“十二五”规划确定的目标即将胜利实现，我国经济实力、科技实力、国防实力、国际影响力又上了一个大台阶。

展望“十三五”时期，我国既处在重大战略机遇期，又面临许多新问题新挑战。从国际环境来看，和平与发展的时代主题没有变，世界多极化、经济全球化、文化多样化、社会信息化深入发展，世界经济在深度调整中曲折复苏，新一轮科技革命和产业变革蓄势待发，全球治理体系深刻变革，发展中国家群体力量继续增强，国际力量对比逐步趋向平衡。同时，国际金融危机深层次影响在相当长时期依然存在，全球经济贸易增长乏力，保护主义抬头，地缘政治关系复杂变化，传统安全威胁和非传统安全威胁交织，外部环境不稳定、不确定因素增多。从国内形势来看，经过60多年的建设发展特别是30多年的改革开放，我国物质基础雄厚、人力资本丰富、市场空间广阔、发展潜力巨大，经济发展方式加快转变，新的增长动力正在孕育形成，经济长期向好基本面没有改变。同时，发展不平衡、不协调、不可持续问题仍然突出，主要是发展方式粗放，创新能力不强，部分行业产能过剩严重，企业效益下滑，重大安全事故频发；城乡区域发展不平衡；资源约束趋紧，生态环境恶化趋势尚未得到根本扭转；基本公共服务供给不足，收入差距较大，人口老龄化加快，消除贫困任务艰巨；人们文明素质和社会文明程度有待提高；法治建设有待加强；领导干部思想作风和能力水平有待提高，党员、干部先锋模范作用有待强化等等。

从当前和今后一个时期的国际国内形势的大环境看，未来五年时间是全面建成小康社会的决胜阶段，我国仍处于可以大有作为的重要战略机遇期。从现实来看，中国依然是世界上第一大发展中国家。我国经济社会发展还存在诸多不平衡、不协调、不可持续的现实问题。目前，进入新常态的中国经济还面临结构转型时期的诸多矛盾叠加、风险隐患增多的严峻挑战，只有咬定青山不放松、“坚持发展”不动摇，不断开拓发展新境界，才能够更好地把握战略机遇期，更加有效地应对各种风险和挑战。从实现全面建成小康社会的冲刺目标来看，到2020年我国国内生产总值和城乡居民人均收入比2010年翻一番，保持经济中高速增长，产业迈向中高端水平，人民生活水平和质量普遍提高，完成我国现行标准下近7000万农村贫困人口的全部脱贫，实现“一个都不能少”的真正意义上的全面小康，也只能继续靠“坚持发展”。

二、准确把握“决胜阶段”的重大任务和目标要求

全面建成小康社会，既是一个激动人心的目标，又是一个很富有挑战性的目标。从2016年开始到2020年，是我国第十三个五年规划的执行期间，也是全面建成小康社会的最后冲刺阶段，因此，相比于以前的各个五年规划，“十三五”规划将更全面、更系统地描绘出我国全面建成小康社会的宏伟蓝图，向人民展示出“中国梦”的美好前景。十八届五中全会要求，“十三五”规划必须紧紧围绕实现这个奋斗目标来制定。

适应我国发展新的阶段性特征，党的十八届五中全会进一步提出了全面建成小康社会新的目标要求：在经济发展上，提出了“双中高”的目标，即经济保持中高速增长、产业迈向中高端水平，突出强调了提高发展的平衡性、包容性和可持续性；在结构调整上，提出了“消费对经济增长贡献明显加大，户籍人口城镇化率加快提高”的目标，将致力于改变目前消费对经济增长贡献率偏低、实际城镇化率偏低的格局；在人民生活方面，提出人民生活水平和质量普遍提高，我国现行标准下农村贫困人口实现脱贫，贫困县全部摘帽，解决区域性整体贫困；同时对生态环境质量提出了新的更高要求；强调国家治理体系和治理能力现代化要取得重大进展。这些目标要求，既与十八大提出的全面建成小康社会目标一脉相承、相互衔接，又切合我国新的发展实际，更具明确政策导向、更加针对发展难题、更好顺应人民意愿，是目标的提高和追求的提升。

对照党的十八大报告关于全面建成小康社会目标的表述，“十三五”规划建议进一步明确了全面建成小康社会新的目标要求。《建议》提出今后5年经济保持中高速增长的目标，主要考虑是确保到2020年实现国内生产总值和城乡居民人均收入比2010年翻一番的目标，必须保持必要的增长速度。从国内生产总值翻一番看，2016年至2020年经济年均增长底线是6.5%以上。从城乡居民人均收入翻一番看，2010年城镇居民人均可支配收入和农村居民人均纯收入分别为19109元和5919元。到2020年翻一番，按照居民收入增长和经济增长同步的要求，“十三五”时期经济年均增长至少也要达到6.5%。回顾从1978年到2012年

的35年，我国GDP年均增长率是9.9%，城乡居民人均收入年均增长率是7.4%。但是近两年来经济增长和人均收入增长都开始放缓脚步，经济下行的趋势从去年第四季度进一步显现出来，2015年第三季度GDP增长率已经跌破7%，直抵6.9%。随着经济总量的不断扩大，经济增速会逐步放缓，这是世界经济发展的总趋势，我国经济发展今后面临的不确定性因素还会比较多。但是无论如何未来“两个增长”速度都不能连续跌破6.5%这一底线，否则其他指标也很难保证实现，那也就预示着全面建成小康社会的目标不可能如期圆满实现。因此，我们必须高度重视经济社会发展面临的问题和挑战，紧紧抓住和有效运用好重要战略机遇期，确保决胜阶段各项目标任务的完成。

全面建成小康社会，是中国人民梦寐以求的目标。《建议》紧紧围绕这个任务，提出了一系列具有标志性的重大战略、重大工程、重大举措，特别是强调要以新的理念推动发展，聚焦突出问题和明显短板，回应人民群众诉求和期盼，目的就是确保如期全面建成小康社会，保持经济社会持续健康发展。今后5年党和国家各项任务，归结起来，就是夺取全面建成小康社会决胜阶段的伟大胜利，实现第一个百年奋斗目标。实现这些目标任务，一定要按照习近平总书记在建议说明中所特别强调的：“‘十三五’时期我国发展，既要看速度，也要看增量，更要看质量，要着力实现有质量、有效益、没水分、可持续的增长，着力在转变经济发展方式、优化经济结构、改善生态环境、提高发展质量和效益中实现经济增长。”①

三、贯彻落实“决胜阶段”的重大举措和思路措施

谋定而后动，规划靠落实。“十三五”时期，全面建成小康社会已经进入决胜阶段，30多年来的发展已经为我国打下了雄厚的物质基础，协调推进“四个全面”战略布局，牢固树立“五大发展理念”，我们就一定能够在2020

① 《中共中央关于制定国民经济和社会发展第十三个五年规划的建议》辅导读本，人民出版社2015年版，第72页。

年实现第一个百年奋斗目标，并在此基础上向第二个百年奋斗目标进军，实现中华民族伟大复兴的中国梦。

首先，必须贯彻落实“四个全面”战略布局的指导思想。全面建成小康社会、全面深化改革、全面依法治国、全面从严治党“四个全面”战略布局，是以习近平同志为总书记的党中央治国理政思想的核心。十八届五中全会第一次将“四个全面”确立为“十三五”时期我国发展指导思想的重要内容。“四个全面”战略布局是有机联系、相互贯通的顶层设计，全面建成小康社会是处于统领地位的战略目标，全面深化改革、全面依法治国、全面从严治党是实现这一目标的三大战略举措。决胜全面建成小康社会，需要协同推进全面深化改革、全面依法治国、全面从严治党。实现全面建成小康社会的目标，改革是途径，法治是保障，党的建设是根本，必须注重谋划全局、协调推进。从“四个全面”的战略高度谋划全局，指导和落实各方面工作是奋力实现决胜阶段战略任务的根本要求。

其次，必须牢固树立创新、协调、绿色、开放、共享五大发展理念。发展理念是发展行动的先导，是发展思路、发展方向、发展着力点的集中体现。全面建成小康社会，说到底是发展问题，关乎人民群众的根本利益。在我国经济发展进入新常态、重要战略机遇期内涵发生深刻变化的新形势下，迫切需要树立新的发展理念，以新理念引领新发展。《建议》在“发展是硬道理”“坚持发展是第一要务”的基础上，创造性地提出必须牢固树立并切实贯彻“创新、协调、绿色、开放、共享”五大发展理念。这五大发展理念，是迄今为止在党的文献中对“发展”内涵做出的最全面、最深刻的概括，是落实“四个全面”战略布局的有力支撑。五大发展理念鲜明回答了在全面建成小康社会决胜阶段，如何处理好人与人、人与社会、人与自然、中国与世界等重大关系，是我们党探索当代经济发展规律、社会发展规律、自然发展规律的重大认识飞跃。这五大理念相互贯通、相互促进，是具有内在联系的有机体，要整体贯彻，全面推进。

再次，必须聚焦解决突出问题和明显短板。当前，我国发展仍处于可以大有作为的重要战略机遇期，但也面临诸多矛盾叠加、风险隐患增多的严峻挑战。

决胜全面建成小康社会，既要发挥现有条件和优势，也必须直面并解决突出问题和明显短板。谋划“十三五”时期经济社会发展，必须全力做好补齐短板这篇大文章，着力提高发展的协调性和平衡性。五大发展理念针对的正是我国发展中的突出矛盾和问题，致力于破解发展难题、增强发展动力、厚植发展优势。面对严峻挑战和艰巨任务，今后五年必定是啃硬骨头、打攻坚战，涉险滩、闯急流的关键时期，冲刺决战的复杂程度、敏感程度、艰巨程度前所未有。“十三五”时期，只有克难攻坚、勇往直前，才能树立决战决胜的高度自觉，破解过去一直隐藏而在决胜阶段可能暴露出来的难题，补齐经济社会发展中的明显短板，摆脱在最后关头松懈自满情绪的羁绊，取得全面建成小康社会的胜利。

最后，必须确保实现全面建成小康社会的目标任务。推动未来我国经济社会发展，全面建成小康社会，各个方面的建设都很重要，但是我们无论如何不能放松发展经济这根弦，一定要牢记我国处于并将长期处于社会主义初级阶段的最大国情和最大实际，坚持发展这个“硬道理”，坚持把发展作为解决当代中国所有问题的关键，聚精会神搞建设、一心一意谋发展，千方百计把蛋糕做大；一定要认真贯彻落实党的十八届五中全会精神，坚持“四个全面”战略布局，以提高发展质量和效益为中心，加快形成引领经济发展新常态的体制机制和发展方式；一定要始终保持战略定力，坚持稳中求进，统筹推进经济建设、政治建设、文化建设、社会建设、生态文明建设和党的建设，确保实现全面建成小康社会的各项目标任务，开启我国现代化建设的新征程。

总之，“十三五”时期是全面建成小康社会、实现我们党确定的“两个一百年”奋斗目标的第一个百年奋斗目标的决胜阶段。准确把握十八届五中全会的精神实质，坚持以“五个发展”理念统领未来发展，明确全面建成小康社会决胜阶段的战略定位和目标任务，对于保持我国我省经济社会持续健康发展，协调推进“四个全面”战略布局，确保如期乃至率先全面建成小康社会，开启社会主义现代化新征程，具有十分重要的意义。

（原载《山东社会科学报道》2015 年 12 月 7 日第 6 期，

收入本书时略有修改）

贯彻五大发展理念 实现百年奋斗目标

以五大发展理念为统领
推进经济文化强省建设

——学习党的十八届五中全会精神的几点体会和思考

张述存

党的十八届五中全会勾画了未来五年我国经济社会发展的宏伟愿景，设计了实现“第一个百年”奋斗目标的路线图、时间表，吹响了向全面建成小康社会进军的冲锋号。省委十届十三次全会就贯彻落实党的十八届五中全会精神，科学谋划我省未来五年发展作出了重要部署。准确把握党的十八届五中全会和省委十届十三次全会的精神实质，对于保持我国我省经济社会持续健康发展，协调推进“四个全面”战略布局，确保如期乃至率先全面建成小康社会，开启社会主义现代化新征程，具有十分重要的意义。

一、正确认识和把握五中全会的精神实质

五中全会通过的“十三五”规划建议，全面阐明了未来五年乃至更长时期内党和国家的战略意图，突出强调要以新的发展理念推动发展，着力解决突出问题和明显短板。全会自始至终围绕着“发展”这个主题，贯穿着五大发展理念这一灵魂和红线。

理念是行动的先导，发展理念是否对头，从根本上决定着发展成效乃至成败。创新、协调、绿色、开放、共享的发展理念，是我们党在深刻总结国内外发展经验教训、深刻分析国内外发展大势、科学研判我国发展中的突出矛盾和问题的基础上形成的，在新的历史起点上全面系统深刻地回答了我国

经济社会将实现什么样发展、怎样发展的重大时代课题。这五大发展理念不仅仅是指导我们全面建设小康社会的基本理念，也是开启现代化建设新征程的基本理念。

（一）创新是引领发展的第一动力

全会指出，要把创新摆在国家发展全局的核心位置，把发展的基点放在创新上，通过推进理论创新、制度创新、科技创新、文化创新等全方位的创新，让创新在全社会蔚然成风。全会把创新放在五大发展理念的首要位置，阐明了全新的发展理念，充分说明了创新对于我国科学发展和综合国力提升的重要意义。我们必须看到，目前我国创新能力不强，创新发展水平总体不高，创新对经济社会发展的支撑能力不足。在未来发展中，如果不依靠创新驱动，发展动力就不可能实现转换，在全球竞争中就会处于下风。

同时，创新的概念被赋予了更广泛、更深厚的内涵，创新不仅仅是科技创新，还包括理论、制度、文化等一系列的创新，它是涉及各领域、各层面、各主体的系统性、全局性创新。理论创新是思想、观念、知识体系的创新，它是指导实践发展的先导。制度创新是体制机制的创新，如何创造良好的制度环境，让市场在资源配置中发挥决定性作用，更好发挥政府作用，是制度创新的基本内涵。科技创新是技术和生产力层面的创新，是我国核心竞争力和综合国力提升的关键一环。文化创新是核心价值观、民族和时代精神、道德修养、历史传承和传统文化资源等领域的创新。

（二）协调是持续健康发展的内在要求

全会提出，坚持协调发展，必须牢牢把握中国特色社会主义事业总体布局，正确处理发展中的重大关系。协调发展强调的是均衡发展，注重解决的是发展不平衡问题，不断增强发展的整体性和全局性，形成差异发展、结构优化、互动良好的发展格局。

从十五大报告中提出“走出一条经济协调发展的路子”，到十六届六中全会提出“实现经济社会全面协调可持续发展”，到党的十七大和十八大报告中提出“全面协调可持续”是科学发展观的基本要求，再到十八届五中全会提出了“坚持协调发展”的理念，我们党关于协调发展的认识不断深化，上升到理念高度，将发挥统领的作用。

另外，和以前经济快速发展的背景不同，协调发展理念是在“新常态”背景下提出的。我们必须看到，我国发展不协调是一个长期存在的问题，突出表现在区域、城乡、经济和社会、物质文明和精神文明等方面。在新常态背景下，如果发展不协调的问题长期得不到有效解决，“木桶”效应就会愈加显现，一系列社会矛盾会不断加深，迫切需要一个更为系统的发展理念作为指导，应对发展中的问题。

（三）绿色是永续发展的必要条件和人民对美好生活追求的重要体现

全会提出，要坚持绿色发展，建设美丽中国。绿色发展理念的提出，充分说明我国的发展思路正变得更为深远、开阔。从首次提出建设生态文明开始，到将经济建设、政治建设、文化建设、社会建设“四位一体”拓展成为经济建设、政治建设、文化建设、社会建设和生态文明建设“五位一体”的总体发展布局，在此基础之上，又进一步提出五大发展理念，将绿色发展提升到了一个前所未有的新高度。

在经历了多年粗放式增长之后，我国资源约束趋紧、环境污染严重、生态系统退化的问题越来越严峻，人民群众对优美环境的要求越来越强烈。经济发展中“只要金山银山，不要绿水青山”的惟 GDP 发展观已经被证实行不通，“既要金山银山，也要绿水青山”的可持续发展观是认识上的巨大进步，只有真正认识到“绿水青山就是金山银山”，才能实现永续发展。这不仅是改革开放至今中国发展历程的经验总结，更为世界各国经济社会发展轨迹所证实。

绿色发展注重的是解决人与自然和谐问题。绿色发展理念的现实经济基础是循环经济和生态经济。循环经济是最早出现、最成熟、也最具有操作性的经济发展方式，强调减量化、再利用、再循环的原则。而生态经济概念则涵盖了循环经济，是指在生态系统承载能力范围内，运用生态经济学原理和系统工程方法改变经济生产和消费方式，发展生态高效产业。绿色发展这一概念则更加宏大、整体，不仅包含了以循环经济、生态经济为基础的绿色低碳经济发展方式，还包含了崇尚节俭、减少浪费的全新国民生活方式，以及将人类社会和自然环境视为息息相关的发展综合体的全新战略思维方式，是中国发展在走向新常态之后探索出的一条必由之路。

（四）开放是国家繁荣发展的必由之路

回顾历史，我们可以看到，开放是国家繁荣发展的必由之路：大开放，大发展；小开放，小发展；不开放，难发展。这是经济发展的客观规律，也是我国改革开放以来的一条重要经验。十八届五中全会再次高举“坚持开放发展，着力实现合作共赢”的旗帜，结合新形势，进一步丰富了开放的新内涵、提出了新要求：不仅要继续坚持对外开放，而且还要发展“更高层次”的经济体。

什么是“更高层次”的经济体，所谓“更高层次”主要表现在什么方面？十八大报告中说：“实行更加积极主动的开放战略，完善互利共赢、多元平衡、安全高效的开放型经济体系”，强调的是积极主动地追求开放质量与开放效益的提升。十八届三中全会提出“推动对内对外开放相互促进、引进来和走出去更好结合，促进国际国内要素有序自由流动、资源高效配置、市场深度融合”，强调的是内外开放的协调性。这两次会议均是在强调我们在当前国际规则和国际经济制度保持相对不变的前提下，通过自我调整寻求和实现自身利益最大化。

而十八届五中全会则提出了两大新任务。一是积极参与全球经济治理和公共产品供给，提高我国在全球经济治理中的制度性话语权。这一转变意味着表明我国新时期对外开放的着眼点不再局限于单纯“卖产品”或者“买资源”，还包含了参与未来世界经济秩序的构建；不仅是做国际规则的接受者，还要做国际规则的制定参与者，主动推动形成有利于已的外部环境。二是构建广泛的利益共同体。这一概念首先在“一带一路”倡议中提出，这次全会将与合作伙伴“打造利益共同体”上升为全党意志。利益共同体是指国与国之间经济高度一体化的状态，是“你中有我我中有你”的关系，是“一荣俱荣一损俱损”的唇齿相依。这表明未来国家将采取强有力措施推进与合作伙伴的产业对接。

从奉行互利共赢的开放战略，到发展更高层次开放型经济的顶层设计，再到积极参与全球经济治理和公共产品供给、提高制度性话语权的目标要求，开放发展的理念与部署，体现着中央对发展大势的深刻把握，彰显了立足国内、放眼全球的宽广视野和长远谋划。

（五）共享是中国特色社会主义的本质要求

全会提出，坚持共享发展，必须坚持发展为了人民、发展依靠人民、发展成果由人民共享。坚持共享发展，突出的是人民的主体地位，体现的是执政为民的施政理念，强调的是全体人民共建共享发展成果，共同迈向全面小康。共享发展，是我们党一直践行的理念，比如全心全意为人民服务的宗旨，从群众中来、到群众中去的“群众路线”，立党为公、执政为民的执政理念，等等，都能体现出这一理念。但作为一种发展理念，坚持共享发展明确体现在党的全会精神，写入党的重要文件，这还是第一次。

共享发展注重的是解决社会公平正义问题。从“发展为了人民、发展依靠人民、发展成果由人民共享”的执政理念，到“人民生活水平和质量普遍提高”的发展目标；从“现行标准下农村贫困人口实现脱贫”的承诺，到旨在增强人民获得感的具体部署，全会提出的共享发展，成为贯穿“十三五”民生工作的一条主线。鲜明的问题导向，细致的制度安排，体现了我们党全心全意为人民服务的根本宗旨，体现了我们追求的发展是实现社会公平正义的发展，是改善民生和增进人民福祉的发展，是造福全体中国人民的发展！

五大发展理念是一个相互贯通、相互促进、密不可分的有机统一整体。创新为发展注入活力，协调使发展更具平衡性整体性，绿色为发展提供良好生态环境并使之更具可持续性，开放为发展拓展更广阔空间，共享是发展的出发点和落脚点、集中反映了时代的声音、人民的意愿。坚持以五大发展理念为统领谋划发展大局，对保持我国经济社会持续健康发展和国家长治久安，具有重要的意义。因此，我们必须从战略高度来认识和把握十八届五中全会的精神实质，充分认识坚持五大发展理念是关系我国发展全局的一场深刻变革，不断增强贯彻落实新的发展理念的自觉性、主动性、创造性，用新的发展理念来规划发展、引领发展、推动发展。

二、“十三五”时期山东发展面临的机遇与挑战

贯彻落实五中全会精神，坚持以五大发展理念谋划未来山东发展大局，必须自觉把我省发展摆在全国的“大棋局”当中，认清形势、把握机遇、直面挑战、乘势而上。

（一）“十三五”期间经济社会发展的环境分析

回望“十二五”，我们妥善应对国际金融危机持续影响等一系列重大挑战，适应经济发展新常态，不断创新宏观调控方式，推动形成经济结构优化、发展动力转换、发展方式转变加快的良好态势。我国经济总量稳居世界第二位，人均 GDP 增至 7800 美元左右。农业连续增产，第三产业比重超过第二产业，基础设施水平全面跃升，常住人口城镇化率达到 55%，一批重大科技成果达到世界先进水平。公共服务体系基本建立，新增就业持续增加，贫困人口大幅减少，生态文明建设取得新进展，人民生活水平和质量加快提高。对外开放不断深入，我国成为全球第一货物贸易大国和主要对外投资大国，国家文化软实力不断增强。“十二五”发展目标即将胜利实现，我国经济实力、科技实力、国防实力、国际影响力又上了一个大台阶。

展望“十三五”，从国际环境来看，和平与发展的时代主题没有变，世界经济在深度调整中曲折复苏，新一轮科技革命和产业变革蓄势待发，全球治理体系深刻变革，国际力量对比逐步趋向平衡。同时，国际金融危机深层次影响依然存在，全球经济增长乏力，外部环境不稳定不确定因素增多。从国内形势来看，新的增长动力正在孕育形成，经济长期向好基本面没有改变。同时，发展不平衡、不协调、不可持续问题仍然突出，主要是发展方式粗放，创新能力不强，部分行业产能过剩严重；城乡区域发展不平衡；生态环境恶化趋势尚未得到根本扭转；基本公共服务供给不足，人口老龄化加快，消除贫困任务艰巨；公众文明素质和社会文明程度有待提高；法治建设有待加强等等。

具体到山东来讲，当前，我省正处在由大到强战略性转变的关键时期，经济运行呈现出总体平稳、稳中有进的态势。今年我省 GDP 将进入 6 万亿俱乐

部，人均 GDP 将突破 1 万美元大关；产业结构进一步优化，农业“十三连增”已成定局，传统产业升级改造速度加快，现代服务业规模进一步壮大；“两区一圈一带”进程加快，县域经济实力不断增强，一批重大基础设施建设项目开工建设；财政、金融、国有资产管理、价格等重点领域和关键环节的改革继续深化，营商环境进一步改善；对外开放迈出新步伐，建立起推动与世界500强合作的常态机制，利用外资质量不断提升；民生建设取得积极进展，公共产品供给有效增加，各项民生事业取得新的进步。

综合以上判断，“十三五”时期，山东经济社会发展仍处于可以大有作为的重要战略机遇期。我们必须准确把握战略机遇期内涵的深刻变化，不断优化结构，增强发展动力，不断开拓经济社会发展的新境界，在全面建成小康社会历史进程中“走在前列”。

（二）“十三五”期间我省经济社会发展亟待破解五个方面的瓶颈

在山东经济社会发展面临着重要战略机遇的同时，我们也要清醒地看到，当前我省经济社会发展还存在一些深层次的矛盾和问题。主要存在着五个方面的瓶颈：

1. 创新能力不够强

一是体制机制方面的创新需要深入推进。我省在行政审批制度改革、盘活财政存量、深化金融业改革发展、创新社会治理等方面有很多制度创新走在了全国前面。但也应看到，由于我们受儒家传统文化影响较深，思想解放仍然不够，在很多方面需要大力解放思想，推进制度创新。

二是科技创新能力不强，高端科技创新人才缺乏，技术创新动力不足。目前我省开展研发活动的企业仅占企业总数的11.4%；新入选国家“千人计划”15 人，不足江苏的一半；重要科技成果的产业化比例仅为25%左右，农业科技进步贡献率不到60%，比发达国家低20 个百分点；规模以上工业企业有研发机构的仅占4.1%，列全国第23 位；核心竞争力不强，全国注册商标过万件的县有77 个，我省没有一个。

三是在文化创新方面，对文化资源的挖掘阐发仍然不够。经济文化融合发展尚未根本破题，人均公共文化事业费偏低，西部地区文化建设滞后，文化领军人才缺乏，文化产业结构不合理，创意产业发展薄弱，实际消费与消费潜力之间存在约3.7万亿元的缺口。

2. 区域、城乡、产业发展不平衡

一是区域发展不协调。多年来我省采取了不同的区域发展战略，努力缩小区域间的差距。从改革开放初的“东部开放，西部开发，东西结合，共同发展”战略，到1992年提出的“全面开放，重点突破，梯度推进，东西结合，加快发展”战略，再到新世纪以来的“龙头带动，重点突破，促强扶弱，协调发展”战略。近年来，我省大力实施重点区域带动战略，全省实现“两区一圈一带”区域发展战略的全覆盖。但就区域发展而言，仍需进一步处理好行政区与经济区的关系，进一步加强以经济区为主体组织经济运行的体制机制，形成经济区内的行政区联动。

二是城乡发展不协调。“十二五”期间，一系列强农惠农政策的实施，促进了城乡协调发展。但我省城镇化水平不高，城镇化率一直低于发达省份，城镇化明显滞后于工业化，2014年常住人口城镇化率与工业化率比值为1.07，低于全国1.22的平均水平和国际公认的1.4~2.5的合理区间。大量农业人口难以融入城市社会，城镇人口中的两栖人口高达900多万人。城中村、棚户区大量存在，城镇内部形成新的二元结构。

三是产业发展不协调。尽管“十二五”时期我省三次产业有了长足发展，结构不断优化，但就全国来看，我省产业结构仍存在明显不足。比如，在产业结构方面，第二产业比例高，第三产业是短板。2014年，我省第二产业比例为48.44%，不仅高于江苏、浙江、广东，而且高于全国42.86%的平均水平，第三产业比例为43.48%，则明显低于全国平均水平。再比如，产业当中高新技术产业比重小，2014年，我省高新技术产业占规模以上工业产值比重为31.4%，低于东部沿海省市。我省第二产业中轻重工业比达到32∶68，重化工产业占比高。

3. 资源环境约束趋紧

“十二五”以来，我省在环境保护上逐年加大投入，取得了显著的成效。但我省长期以来工业结构偏重，属于能耗大省。每年消耗的煤炭约占全国的

1/10，万元 GDP 能耗比沿海发达省份高出 30% ~50%，是发达国家的 3 ~6 倍。工业能耗占 80% 以上，工业十大行业占全社会能耗总量的 60% 左右。2014 年，化学需氧量、二氧化硫、氮氧化物等主要污染物排放量居全国首位，氨氮排放量居全国第二。

同时，我省正进入工业化的中后期，城镇化进程不断加速，面临越来越严峻的城市环境问题，如空气污染、水土污染、废弃物处理等；我省农村环境生态脆弱，生态环境承载能力接近极限，人均水资源、人均耕地等资源指标都低于全国平均水平。

此外，与发达省份相比，环保产业所占比重低，竞争力弱，对产业绿色升级尚未形成有效的拉动力量。

4. 融入全球发展能力不足

作为沿海省份，我省充分利用国际国内两个市场、两种资源推动自身经济发展，开放型经济发展迅速。对外经济合作的规模迅速扩大，2014 年的进出口总额、实际到账外资、实际对外投资、对外承包工程完成营业额分别比 2001 年增长了 8 倍、4 倍、30 倍、15 倍，全方位、宽领域、多层次的对外开放格局基本形成。但与发达省份相比，与我省经济发展潜力相比，我省的对外开放还存在巨大的提升空间。

一是对外经济合作尚处于较低层次，具有提升空间。我省产品多为劳动密集型、附加值低、科技含量少、消耗资源多的产品，高附加值、高科技含量的出口产品少。具有国际影响力的自主品牌产品出口少，半数是以加工贸易的形式实现的。我省利用外资和境外投资的层次也不够高。大多为贸易、加工贸易、资源开发项目，处于国际产业链条的低端。

二是对外经济合作的载体建设有待提高。特别是我省经济园区产业结构不够合理，产业特色和优势不够明显，产业关联度较低，配套能力不强。面临一些体制机制的障碍。

三是我省企业主体建设有待提升。我省企业规模相对较小，国际化经营的经验普遍不足，在遇到发展问题和困难时，习惯于依靠经验、关系来解决，严重缺乏国际化人才，知识产权意识不强，特别是对核心专利、品牌、工艺的保护滞后。

5. 民生方面还有一些短板

随着产业结构优化升级、生产生活方式深刻调整和新型城镇化深入推进，带来社会利益格局和组织结构、文化心理结构的重大变化，群众利益诉求更加复杂多元，民生建设任重道远。

在教育方面，基础教育城乡发展不均衡、大班额现象比较突出，进城务工人员随迁子女就学面临较大压力，现代职业教育体系仍存在与经济发展和学生成长不相适应的问题，高等教育改革亟待推进。

在医疗卫生方面，医疗服务项目、手段、能力等创新不够，基层医疗条件仍然较差，养老服务机构建设远不能满足需求。

在就业方面，结构性矛盾日益凸显，既面临高校毕业生和就业困难人员的就业难，也面临一线普通工人和技术工人短缺的招工难。

在社会保障方面，参保比例、待遇水平、统筹层次有待提高，跨地区、跨制度转移接续不够及时和不顺畅，社保基金长期收支平衡面临很大压力。

在扶贫攻坚方面，全省还有贫困人口 394 万人、贫困村 7005 个，距离全面建成小康社会标准要求存在较大差距。

另外，农村留守儿童、妇女和老人等问题日益凸显，社会治安、安全生产、食品安全等依然面临严峻挑战。

三、以五大发展理念为统领，建设“五个山东”

面对机遇，只有紧紧抓住而不丧失，才有新发展；面对挑战，只有知难而进迎难而上，才有新出路。实现新发展、找到新出路，我们靠什么、凭什么？归结起来，一句话，就是要全面贯彻落实党的十八届五中全会精神和省委十届十三次全会精神，牢固树立“创新、协调、绿色、开放、共享”的发展新理念，着力推进“五个山东”建设，不断推动山东经济文化强省建设再上新台阶。

（一）始终坚持创新发展理念，不断推进活力山东建设

一是推进理论创新。深入推进省域治理现代化理论、传统文化集成创新理论、区域协同竞争理论、产业环境协同理论的创新与突破，为增强我省经济社会发展活力提供坚实的理论支撑。

二是深化制度创新，积极构建发展新体制、新机制、新制度。要进一步简政放权，全面取消非行政许可审批，制定和完善行政审批事项目录清单、行政权力清单、政府责任清单和市场准入负面清单，创造全国领先营商环境。要创新投融资体制机制，有效撬动社会资本参与重点领域建设。大力推进财税改革，建立现代财政制度，进一步盘活财政存量资金，将闲置国库资金集中整合，统一运作，实现国库闲置资金的最小化和投资收益的最大化。要深化金融改革，培育壮大一批地方金融龙头企业，做优做强小额贷款公司、融资性担保机构、典当行等普惠金融组织。要全面清理、规范各项涉企收费项目，取消不合理收费，清理无对等服务的费，整治多头收费、多环节收费。要深化国企改革，实施分类改革监管，依托资本市场，鼓励战略投资者参与国企改组改造，大力推进国有资产资本化，组建一批国有资本运营公司。

三是深化科技创新，全面实施创新驱动发展战略。要形成有利于创新发展的体制机制和政策环境，不断提升创新驱动的能力和水平。要推进智慧山东建设，实施“互联网＋”行动计划，发展分享经济，激励基于大数据资源进行的创新创业。要突出企业的创新主体作用，推动形成一批创新旗舰企业，支持成立产业技术创新联盟。要加快科技成果转化步伐，强化科技同经济、创新成果同产业、创新项目同现实生产力、研发人员创新劳动同其利益收入的对接。要突出创新要素保障，建立健全股权、期权、分红等激励机制，探索实施体现智力报偿的财务制度。要建设具有较强国际国内影响的科技创新载体，面向全球引进各种创新要素资源，鼓励企业建设创新平台。要建立完善的知识产权创造、应用和保护体系，形成有利于激励创新和成果运用的生态环境。

四是深化文化创新，突出齐鲁文化特色，建设文化强省。一是深入挖掘阐发优秀传统文化，实施齐鲁文化经典研究和大众化推广等系列工程，推动传统文化的创造性转化、创新性发展。二是创新公共文化服务方式，完善现代公共

文化服务体系，提升公共服务设施运行水平，搭建公共文化网络服务平台，推进基层综合性文化中心全覆盖，打通“最后一公里”。三是推动文化产业繁荣发展，促进文化与科技、信息、旅游、农业、制造业、互联网的融合，大力发展新型文化业态，扩大和引导文化消费，培育一批文化优势产业集群。

（二）始终坚持协调发展理念，不断推进均衡山东建设

做到区域协调发展，一是要深入对接“一带一路”、京津冀协同发展、长江经济带三大战略，促进山东与周边省市协同发展。二是大力实施“两区一圈一带”重点区域带动战略。三是从战略上谋划我省区域发展新突破，积极谋划胶济铁路沿线中德自贸区建设，谋划烟台到大连和威海到韩国跨海通道建设，打造鲁辽韩经济区。

做到城乡协调发展，要协调推进新型城镇化、县域经济和新农村建设。一是加快山东半岛城市群建设，积极稳妥推进以人为核心的新型城镇化。要优化城乡要素配置，推进农村集体建设用地使用权市场化改革，允许农村集体经营性建设用地出让、租赁、入股，建立高效规范的农村产权流转交易市场。促进生产要素在城乡之间自由流动，配套政策体系，推动基本公共服务均等化。二是加快县域经济特色化发展。要重大优势主导产业，推进行政区划改革，建立健全县域科学发展评价机制。三是推进美丽乡村建设。配套完善农村基础设施，加强保留村庄整治和特色村庄保护，建设聚落形态多样化、发展路径多元化、乡村环境生态化的社会主义新农村。

做到产业协调发展，一是要大力发展先进制造业，推进工业优化升级。着力优化行业结构、技术结构和产品结构，加强战略性新兴产业和先进制造业的引领作用，形成具有较强竞争力的先导性、支柱性产业，实施质量强省战略，提高“鲁货”国内外辐射力和影响力。二是要壮大发展现代服务业，加快推进服务业跨越发展。推动生产性服务业向专业化和价值链高端延伸，生活性服务业向精细和高品质转变，构建省会城市群现代服务业聚集区和胶东半岛高端服务业聚集区，形成功能完善、融合开放、繁荣发达的服务业发展新格局。三是加快现代农业发展步伐，实施农业提质增效转型升级行动，深化农村集体产权制度改革，健全农业支持保护制度，着力建设适应现代农业发展要求的物质

技术体系，以确保粮食安全和主要农产品有效供给为首要任务，走产出高效、产品安全、资源节约、环境友好的农业现代化发展道路。

做到统筹海陆协调发展，一是增强经营海洋的意识，优化海洋开发布局，探索海陆和谐发展、统筹发展的模式，打造具有国际先进水平的海洋经济改革发展示范区和全国深远海开发战略保障基地。二是加快发展海洋经济，构建低消耗、低污染、高收益的现代海洋产业体系，推进“海上粮仓”建设，加快发展现代渔业，壮大海洋装备制造、海洋能源、海洋化工等优势产业，积极发展海洋新兴产业，建设东北亚国际物流中心、国际航运综合枢纽，建成世界知名的滨海旅游目的地。三是推进海洋科技创新，优化人才资源配置，集中开展海洋核心技术和关键技术的攻关，推进海洋科技创新平台建设，深化海洋智库建设，开展海洋资源开发利用、海洋权益维护等重大战略问题研究。

做到物质文明与精神文明协调发展，要加强和改进宣传思想文化工作，深化文化体制改革，着力加强文化山东建设，完善儒家思想研究“四大工程”体系，打造全国区域文化中心，加强诚信山东建设，打造山东道德文化高地。大力发展文化产业，形成一批国家和省级示范园区，实施“创意山东”计划，推动文化产业结构优化升级。

（三）始终坚持绿色发展理念，不断推进美丽山东建设

一是全面落实主体功能区规划，加快建设主体功能区。要进一步优化现有主体功能区空间布局，完善配套，尽快划定农产品主产区、编制重点生态功能区目录，统筹各类空间性规划，探索经济社会发展、城乡建设、土地利用、生态环境保护等规划“多规合一”。要建立健全生态补偿机制，加大对农产品主产区和重点生态功能区的转移支付力度，生态损害者赔偿、受益者付费、保护者得到合理补偿。

二是全面建设绿色低碳循环产业体系，推进生产生活绿色化。要继续发展节能环保、再生资源利用、再制造等绿色产业，完善绿色采购制度，推行绿色消费。要实行能耗强度和总量“双控”，加大淘汰落后产能力度，大力发展清洁能源、可再生能源，大力发展新兴环保产业。要建立省域企业环境信用机制，借助大数据技术，有效倒逼企业重视环境保护。要强化金融支撑，推动绿

色金融和绿色发展基金尽快完善。

三是实施最严格环境保护制度，健全生态文明制度体系。要加强处罚力度，实施生态环境损害责任终身追究制以及严格的环境损害赔偿制度。要制订并实施绿色发展考核指标，建立健全官员离任资源环境审计机制。要实施最严格的耕地、水资源和环境保护制度，保障农产品质量安全。

四是加快生态系统修复的步伐，筑牢生态安全屏障。要加强天然林资源保护，营造山区水源涵养林和水土保持林。要强化流域、湖泊生态环境保护，完善水系生态系统，保护水系生态安全。要协同改善大气生态系统，控制温室气体排放。

五是加强重点污染防治。要继续落实大气污染防治行动计划，实行重点区域联防联控。要开展矿山地质环境恢复和综合治理，推进采煤塌陷地综合治理。要严控工业污染向农村转移，加大农村生活污染治理力度，建设美丽宜居乡村。

（四）始终坚持开放发展理念，不断推进海外山东建设

“十三五”时期，我省要优化全方位、多元化开放格局，加快外经外贸优化升级，大力提升“引进来”质量和效益，加快提升“走出去”层次和水平，深化合作交流载体建设。同时，应抢抓“一带一路”建设先机，在“陆上山东”“海上山东”之外，再造一个“海外山东”：

一是积极谋划实施“海外山东”创新工程，构建与之相适应的全方位支撑体系。构筑海外资源开发、海外产业优化、海外企业培育、海外并购推广、海外研发、海外园区建设、海外工程转型七位一体的我省“海外山东”的发展框架。

二是围绕“海外山东”建设，完善我省开放新体制。建立健全境外安全风险预警与突发事件应急处理机制，主动应对可能发生的境外突发事件。完善省级“走出去”专项资金扶持政策，对境外资源合作开发、优势产能境外转移、境外研发、境外园区建设等进行扶持。健全法律与信息支持体系，加强对国际法，特别是重点国别地区法律、法规和政策的研究。

三是进一步实施市场多元化战略，深度开拓重点市场。充分利用东亚合作

快速发展机遇，推动形成鲁日韩生产共同体，促进产业一体化发展，使山东与日韩的产业分工从垂直分工、产业间分工转变为水平分工、产业内分工。进一步深化山东对俄投资合作，在资源合作的基础上加快农业、制造业、科技、基础设施等领域的合作。抢抓中澳自贸区谈判带来的机遇，打造中澳合作先行区，继续加大山东与澳大利亚全方位的合作与交流，巩固山东对澳合作领头羊的地位。

（五）始终坚持共享发展理念，不断推进幸福山东建设

坚持共享发展，建设幸福山东，关键是要突出问题导向，把各项民生事业落到实处，真正让群众得到看得见、摸得着的实惠。要加快完善符合省情、体系健全、覆盖全民、均衡持续的基本公共服务体系和制度，尤其是不断加大对我省革命老区、贫困地区的转移支付工作。

一是打好扶贫攻坚战，提前完成脱贫任务。实施精准扶贫、精准脱贫，区分东中西，聚焦山区、滩区、库区实行重点突破，确保提前实现贫困村、贫困人口全部脱贫。加大扶贫力度，所有涉农扶持政策向贫困地区倾斜。建立健全农村留守儿童和妇女、老人关爱服务体系。

二是实施“教育兴鲁”战略，推进教育现代化。深化基础教育综合改革，实施学前教育三年行动计划，加快义务教育学校标准化建设，完成改善农村义务教育薄弱学校工程。率先普及高中阶段教育，率先实施对中等职业教育和家庭经济困难高中学生免除学杂费，率先实现家庭经济困难学生资助全覆盖。加强特色高中和综合高中建设，完善“3+4”“3+2”对口贯通分段培养模式，加快完善现代职业教育体系。加快高等教育综合改革，鼓励社会力量兴办教育。

三是坚持就业优先战略，鼓励创业促进就业。加强对灵活就业、新就业形态的支持力度，推进农村富余劳动力有序外出就业和就地就近转移就业，健全高校毕业生到基层工作的服务保障机制。大力推进“大众创业”，以创业带动就业，完善创业股权激励制度，吸引科研人员在职创业、离岗创业。

四是提升人民健康水平，推进健康山东建设。完善基层医疗卫生服务体系，加强以全科医生为重点的基层人才队伍建设。全面推进城市公立医院综合

改革，推进和规范优秀医师多点执业，促进优质医疗资源合理有序流动。加快实施“智慧医疗”，打造综合医疗卫生信息平台。

五是完善社会保障体系，提高社会保障能力。建立完善惠及全省人民群众的养老保险和医疗卫生服务体系，继续加大划转国有资本充实社保基金力度，全面实施城乡居民大病保险制度。以最低生活保障制度为核心，完善社会救助体系。加快保障性安居工程建设，加强棚户区、城中村和农村危房改造。

六是增加居民收入，优化收入分配格局。适时调整最低工资标准，促进职工工资合理增长。建立职工工资正常增长机制，持续扩大中等收入群体。努力增加城乡居民收入，实现“两个同步”，进而持续实现“三个超过”。

七是促进人口均衡发展，大力发展养老事业和养老产业。调整完善计划生育政策，全面实施一对夫妇可生育两个孩子政策。建设以居家养老为基础、社区为依托、机构为补充的多层次养老服务体系，推动医养结合。

一分部署，九分落实。十八届五中全会为“十三五”乃至更长一段时期我国发展绘就了美好的蓝图，我们在这张蓝图上能交出一份什么样的答卷，这充分考验着各级党组织领导发展的能力。我们一定要在省委的坚强领导下，乘着党的十八届五中全会和省委十届十三次全会的东风，着力强化各级党组织领导发展能力，不断增强理论学习能力、谋划发展能力、决策执行能力、拒腐防变能力，为推进经济文化强省建设提供坚强保障。各级党组织要以极大的政治责任感和使命感，进一步增强凝聚力和向心力，推动经济社会持续健康发展，实现习近平总书记对山东的厚望，在全面建成小康社会历史进程中“走在前列”，夺取全面建成小康社会决胜阶段的伟大胜利。

（原载《山东社会科学报道》2015 年 11 月 23 日第 5 期）

重在落实：把五大发展理念化作具体工作行为

——学习十八届五中全会精神的深入思考

王希军

党的十八届五中全会通过的“十三五”规划建议，提出了五大发展理念：创新发展、协调发展、绿色发展、开放发展、共享发展。这是以习近平为总书记的党中央在新的形势下治国理政的新理念，是对我国改革开放以来经济社会发展经验和规律的深刻总结、丰富和发展，是具体指导制定和部署“十三五”规划的思想灵魂和谋篇布局。要认真学习贯彻好这些新的发展理念，切实落实到各项工作的谋篇布局、深入发展上，关键的问题在于要把握和领会好这五大发展理念的要义和精髓，切实化作各级部门和领导干部科学决策、推进工作、部署任务的具体行为和措施中。

一、五大发展理念是对以往发展经验做法的科学总结和提炼

党的十八大以来，以习近平同志为总书记的党中央着眼于新的实践和新的发展，着眼于对实际问题的深度理论思考，积极推进党的理论创新，在发展目标、发展动力、发展布局、发展保障等方面形成了一系列新理念新思想新战略。党的十八大对全面建成小康社会、推进中国特色社会主义伟大事业、实现中华民族伟大复兴之梦作出了战略部署，十八届三中全会对全面深化改革作出了重要部署，十八届四中全会对全面依法治国作出了重要部署，党的十八届五中全会又围绕“四个全面”战略部署提出并系统阐述了创新、协调、绿色、

开放、共享的发展理念。这是更好地贯彻落实十八大精神，落实十八大以来形成的围绕“四个全面”战略部署推进中国特色社会主义伟大事业的一系列重大方针政策的行动指南。

这“五大发展”的理念源于我国近40年的改革开放社会实践。近40年的改革开放社会实践在不断推进中国特色社会主义伟大事业的进程中也不断深化着人们的认识，极大地解放着、丰富着人们的思想观念；而人们的思想认识的解放和更新，又反过来推进着人们的社会实践。这就是我们常说的实践与理论的互动。“从人民中来，到人民中去”，“从实践中来，到实践中去”。实践—认识，再实践—再认识，既推进了实践，又深化了认识，相互促进，相得益彰。

认真学习研读“五大发展”的思想理念，可以感受到：创新、协调、绿色、开放、共享的发展理念，相互贯通、相互促进，是具有内在联系的集合体，可以说是继“五位一体”总布局后的又一个“五位一体”——发展理念的“五位一体”。其中，创新是引领发展的第一动力，是确保在激烈的国际社会发展竞争中立于不败之地的根本所在。提出创新发展理念，着力要解决的是发展动力问题；协调是持续健康发展的内在要求，是社会发展良好态势的基础。提出协调发展理念，着力要解决的是发展不平衡问题；绿色是永续发展的必要条件和人民对美好生活追求的重要体现，也是国际社会普遍关注的重大问题。提出绿色发展理念，着力要解决的是人与自然和谐问题；开放是国家繁荣发展的必由之路，是经济全球化大背景下世界各国社会发展不可绕开的重大问题。提出开放发展理念，着力要解决的是发展内外联动问题；共享是中国特色社会主义的本质要求，也是我们建设中国特色社会主义、解放和发展生产力、建设社会主义现代化强国的价值追求。提出共享发展的理念，着力要解决的是社会公平正义问题。创新、协调、绿色、开放、共享五位一体的发展理念，是在我们党深刻总结吸收各国发展的经验教训的基础上提出来的，是使我国发展站在时代发展的制高点、在日趋激烈的国际竞争中赢得了更大的先机和优势的必然选择；也是在深刻分析中国社会当前问题和未来发展大势的基础上提出来的，把握了发展的速度变化、结构优化、动力转化的新的特点，顺应了推动经济保持中高速增长、产业迈向中高端水平的新的要求，指明了我国破解难题、厚植发展优势的新的路径。这样一个“五位一体”

的发展理念，反映了时代的声音、人民的意愿，构成了一个开辟未来发展前景的顶层设计，集中体现了我们党对新的发展阶段基本特征的深刻洞悉，体现了我们党今后五年乃至更长时期整个国家事业发展的思路、发展的方向、发展的着力点，进一步回答了新的形势下“我们要实现什么样的发展、如何实现发展”的重大问题，是我们党理论创新的最新成果，标志着我们党对经济社会发展规律的认识达到了一个新的高度。

“五大发展”理念的提出成为“十三五”规划设计中的重大突破，成为如期实现全面建成小康社会的科学的行动指南。理念思想决定着行为行动，“没有思想就没有灵魂，没有理念就没有方向。”“五大发展”是“十三五”规划有血有肉的灵魂、思想、观念，有效统领并具体指导“十三五”规划及布局，使得科学发展的内涵进一步具体化，更具指导性、针对性和可操作性。同时，中国的发展理念必将对世界产生巨大的影响。中国不仅是世界发展最成功的国家之一，也是创新发展新理念的国度，不仅解决了中国的发展道路，也为二十一世纪其他国家的发展道路提供了重要的知识和理念。“五大发展”既是中国版发展经济学的最新理论成果，更是当代世界发展经济学的最佳实践。

二、理解和把握五大发展理念思路必须用创新的思维

十八届五中全会提出：“坚持创新发展，必须把创新摆在国家发展全局的核心位置，不断推进理论创新、制度创新、科技创新、文化创新等各方面创新，让创新贯穿党和国家一切工作，让创新在全社会蔚然成风。”这段话强调了创新对于国家发展全局的极端重要性，并把理论创新排在所有创新的第一位。不言而喻，实践基础上的理论创新是社会发展和变革的先导，是推动制度创新、科技创新、文化创新和其他各方面创新的核心和灵魂。纵览人类社会发展的历史，人类的一切创新活动总是首先把创新的关节点放在思想理论创新上，放在思维方式方法上创新上。中国共产党历来高度重视理论创新，从一定意义上说，中国共产党的历史就是一部理论创新史。正如习近平同志强调指出的，我们党之所以能够历经考验磨难无往而不胜，关键就在于不断进行实践创

新基础上的理论创新。改革开放以来，我们党总是根据形势和任务的变化，在实践的基础上不断进行理论创新，用理论创新引领和指导发展实践，不断开创发展新局面。譬如改革开放之初，我们党以巨大的理论勇气政治勇气，开展真理标准问题大讨论，唤醒全党全社会思想观念大解放，重新确立了党的思想路线，宣布大规模的阶级斗争已经结束，把党的工作重心转移到经济建设上来，开启了改革开放的新征程；1992 年邓小平同志提出社会主义本质是解放和发展生产力，消灭剥削，消除两极分化，最终到达共同富裕，创新和丰富了社会主义的本质理论，破解了姓社姓资的迷雾，开启了建设社会主义市场经济的征程。这些理论创新对于促进我国经济快速发展、创造我国经济奇迹起了极其重要的作用。再譬如，1992 年党的十四大提出我国经济体制改革的目标是建立社会主义市场经济体制，提出使市场在国家宏观调控下对资源配置起基础性作用；1997 年党的十五大提出建立以公有制为主体、多种所有制经济共同发展的初级阶段基本经济制度，创新了中国特色社会主义经济理论，这些理论上的重大突破，同样对我国改革开放和经济社会发展发挥了至关重要的作用。党的十八大以来，以习近平为总书记的党中央坚持改革创新、开拓发展，在新的形势下丰富和发展了关于把党的领导、人民当家做主与依法治国有机统一的理论，关于推动新型工业化、信息化、城镇化、农业现代化相互协调的理论，关于经济建设、政治建设、文化建设、社会建设、生态文明建设五位一体总布局的理论，关于全面建成小康社会、全面深化改革、全面依法治国、全面从严治党“四个全面”战略布局的理论等等。这都是把马克思主义科学理论与中国实际和时代特征相结合的结果，都是马克思主义在当代中国的发展和创造。这些重大理论创新成果的应用，带来中国生产力和生产关系、经济基础与上层建筑的深刻革命，推动中国经济社会持续健康发展，对于不断开创中国特色社会主义新局面发挥了重要的引领和促进作用。历史事实充分说明，理论创新对实践创新具有重大先导作用，每一次重大的理论创新，都推动经济社会发展实现新的历史跨越。在未来前进道路上，继续深化改革、推动发展，也必须以理论创新为先导。发展必须长期坚持的重要遵循。

我们学习理解把握这些创新思想理论，必须解放思想、更新观念，学会用创新性思维来思考问题，来理解把握党的创新思想理论中的新思想新判断新观点新论断包含的丰富内涵，真真切切从这些新思想新判断新观点新论断中把握其中的精神实质和内在要义。要把学习理解把握党的最新思想理论创新成果的过程作为思想解放认识提升观念更新境界提高的过程，用解放思想创新思维的意识来学习理解把握五大发展的理念思路，用深化改革、扩大开放、面向世界、面向现代、面向未来的国际视野和思维来认识和思考我们的发展和走向问题。唯有如此，才能更加深刻地把握好创新、协调、绿色、开放、共享的五大发展理念思路。

三、好的发展理念思路要化作行动措施和办法必须在思想认识、手段措施和运行机制、工作体制等方面都进一步解放思想、深化改革

"十三五"发展规划作为实现全面建成小康社会奋斗目标的决胜阶段的规划纲要，运用党的最新理论创新成果五大发展理念制定提出了实现奋斗目标的措施办法，这是我们未来五年各项事业发展的重要遵循、行动指南。现在的问题是，要把好的发展理念思路和制定出来的好措施办法落到实处，化作各级党政和各行各业具体工作的行为行动中，确有很大的空间和很多的事情要做，其中很重要的就是首先要在思想意识上解放思想、提升认识。

一要把树立和践行新的发展理念作为解放思想和理论武装的一项重大任务，把解放思想作为总开关，切实解决好理论武装问题，以思想的大解放推动发展的大变革，让理论创新成果变为巨大的物质力量，确保"十三五"时期发展目标和全面建成小康社会目标如期顺利实现。"坚持创新发展、协调发展、绿色发展、开放发展、共享发展，是关系我国发展全局的一场深刻变革。"面对这样的深刻变革，如果不深入学习，提高认识，不解放思想，不树立和践行创新、协调、绿色、开放、共享五位一体的发展理念，又怎么能够对涉及生产力和生产关系、经济基础和上层建筑的改革调整去积极地适应和参与呢?！因为这种"深刻变革"，不仅是发展思路、发展方向、发展着力点的深刻变革，也是发展方式、发展体制的深刻变革，还是思维方式、行为模式、交

往方式和利益格局的深刻变革。这场关系全局的深刻变革，必然伴随着思想的大解放、观念的大更新。唯有思想的大解放，思想的大变革，才能把人们的思想认识从那些过时的观念、做法和体制的束缚中解放出来，从那些不合时宜的思想模式、行为模式、交往方式中解放出来，从而引领和撬动这场关系我国发展全局的深刻变革。过去我们虽然也强调要创新驱动、强调协调发展、强调保护生态、强调人民共享发展成果，但在一些地方的实践中为什么进展不大，归根到底还是思想观念没有实现应有转变，思想的变革没有变到位。

二要密切关注和紧跟时代和社会实践发展的步伐。解放思想是马克思主义的灵魂，与时俱进是我们党的思想品格。面对新的发展实践，需要我们从坚持和贯彻党的思想路线的高度来看待树立和践行五大发展理念问题，注重从思想方法、思维方式上解决问题。正如刘云山同志在中央党校 2015 年秋季学期第二批学员开学典礼上的讲话中指出的，需要我们的干部把解放思想作为总开关，树立与时代和实践发展相适应的思维方式，坚决破除那些片面追求 GDP、拼资源拼投入、重城市轻农村、先污染后治理、重效率轻公平的陈旧观念，以新的发展理念来引领发展实践。树立和践行五大发展理念，不能停留在口头上。要把创新、协调、绿色、开放、共享五位一体的发展理念作为我们行为的标尺，自觉对照检验我们的实际工作。要在深化对我国发展环境新的内涵、特征的科学认识中解放思想，在认清目标、明确任务中解放思想，在破解难题、转变发展方式中解放思想，更加自觉地把解放思想落实到贯彻五中全会精神、落实五大理念上来，更好地在解放思想中跟上时代，在转变观念中赢得优势。

三要坚持以“三严三实”要求来贯彻五大发展理念。用“严”的精神改进工作作风，凭“实”的干劲抓好发展任务，保证五大发展理念在实践中落地生根、开花结果。广大共产党员特别是党员领导干部，要充分认识贯彻落实五大新发展理念的重要性、艰巨性、长期性，不断增强贯彻落实新的发展理念的自觉性、主动性、创造性，让五大发展理念内化于心、外化于行，真正把五大发展理念转化为谋划、引领和推动“十三五”时期发展的强大力量。

（原载 2015 年 12 月 17 日《大众日报》，收入本书时有修改）

“五个发展”崭新理念：实现“两个一百年”目标的行动指南

张卫国

习近平总书记在《关于〈中共中央关于制定国民经济和社会发展第十三个五年规划的建议〉的说明》（以下简称《建议》和《说明》）中指出：发展理念是发展行动的先导，是管全局、管根本、管方向、管长远的东西，是发展思路、发展方向、发展着力点的集中体现。为此，建议稿提出了创新、协调、绿色、开放、共享的五大发展理念，并以这五大发展理念为主线对建议稿进行谋篇布局。这五大发展理念，是“十三五”乃至更长时期我国发展思路、发展方向、发展着力点的集中体现，也是改革开放30多年来我国发展经验的集中体现，反映出我们党对我国发展规律的新认识。有理由认为，五大发展理念充分体现了人类文明发展的崭新成果，是实现“两个一百年”奋斗目标的行动指南。

一、全球责任的民族担当

进入21世纪，人类所面临的全球危机问题迫使世界各国共同考虑全球治理方案。2000年9月，在联合国千年首脑会议上，世界各国领导人就消除贫穷、饥饿、疾病、文盲、环境恶化和对妇女的歧视，商定了完成时间至2015年的联合国千年发展目标：Millennium Development Goals（MDGs）。2004年哥本哈根共识（Copenhagen Consensus）则对世界发展中重大问题的解决提出了投资优先方向排在前十位的领域：气候变化，传染病，冲突和武器扩散，获取教育的权利，金融不稳定，治理和腐败，营养不良和饥饿，移民，废水处理设施和洁净水的供应，补贴和贸易壁垒。2008 年国际金融危机以来，上述人类面临的共同问题更加凸显，环境恶化、金融动荡、贸易保护主义、暴恐事件、经济增长放缓等全球危机问题的解决，越来越需要各国合作、人类智慧和全球治理方案。中共十八届五中全会《建议》提出的五大发展理念充分反映了“全球危机、全球治理”的时代要求。创新发展是世界各国解决所有上述问题的根本选择；协调发展才有助于解决贫困、受教育机会不平等等问题；绿色发展是解决气候和环境问题的根本途径；开放发展是解决贸易保护主义的直接举措；共享发展才能从根本上解决贫困、获取受教育权利和解决暴恐问题。而贯彻所有这五大发展理念，才能从根本上保证包括金融稳定、经济可持续发展等在内的全球发展，这对中国和世界各国都不例外。五大发展理念充分反映了迄今为止关于发展问题的人类共识，也表明了中国对解决全球危机、全球治理问题的积极参与和贡献——除理念引领外，还要拿出体量足够大的“真金白银”来。

二、与时俱进的政治决断

中国还是一个发展中的社会主义人口和经济总量大国，相对于发达国家和地区，人均 GDP 和居民的人均收入水平、产业结构的演进水平还比较低，工业化、城市化、国际化、市场化还在进程中。进入经济新常态，如习近平总书记在《说明》中所指出的：增长速度要从高速转向中高速，发展方式要从规模速度型转向质量效率型，经济结构调整要从增量扩能为主转向调整存量、做优增量并举，发展动力要从主要依靠资源和低成本劳动力等要素投入转向创新驱动。经济社会发展面对新趋势新机遇和新矛盾新挑战。从 20 世纪 80 年代以来，从根本上克服“短缺经济”的发展取向，到逐步重视有效益、有质量的经济增长，再到以人为本，全面、协调、可持续的科学发展观，我国发展理念不断提升，越来越充分反映时代潮流。但五大发展理念是过去改革开放 30 余年我国发展经验的崭新提炼，是对“全球危机、全球治理”时代中国发展规律的崭新认识。五大发展理念，既是实现我国“两个一百年”奋斗目标的内在要求，也是我国对全球发展所应有的责任和义务的庄重承诺。因为五大发展理念是作为执政党中央的《建议》提出的，因而这也是中国共产党与时俱进的政治决断。

三、协同发展的科学体现

协同论（Synergetics）认为，人类社会、自然界乃至整个宇宙都存在协调发展的问题，系统内各子系统之间协同发展变化的结果将形成新的结构和新的功能。中西哲学理论都十分重视整体内部的协同一致。马克思和恩格斯的辩证唯物主义和历史唯物主义都高度重视自然界、人类社会和人类思维发展中的协同问题。五大发展理念，充分运用协同发展这一人类文明发展的崭新成果，立足当今中国经济社会发展实际，又以世界眼光考量中国发展与全球发展的紧密联系，提炼出当代中国促进人与自然、人与社会、人与自身协同、和谐、一致发展的崭新发展观。包括理论创新、制度创新、科技创新、文化创新等各方面创新在内的创新发展，是协同发展的动力源泉和根本途径；包括城乡区域协调发展，经济社会协调发展，新型工业化、信息化、城镇化、农业现代化同步发展，同时增强国家硬实力和提升国家软实力等的协调发展，更加直接体现了协同发展在重大发展关系、发展总体布局和发展整体性方面的客观要求；绿色发展突出了人与自然和谐发展，中国发展与全球生态安全协同发展的时代要求；开放发展凸显了国内外两个发展大局，两个发展空间的协同发展问题。共享发展既是中国特色社会主义的本质要求，也是协同发展的历史必然，人类文明终将走向全体地球村公民共同享有自然财富、资本财富、精神财富等这一协同发展的新境界。

四、人为核心的战略谋划

《建议》开篇就宣告：“到二〇二〇年全面建成小康社会，是我们党确定的‘两个一百年’奋斗目标的第一个百年奋斗目标。‘十三五’时期是全面建成小康社会决胜阶段，‘十三五’规划必须紧紧围绕实现这个奋斗目标来制定。”五大发展理念正是为了全面建成小康社会，实现社会主义现代化这“两个一百年”奋斗目标而提出来的，而实现了这“两个一百年”奋斗目标，中国就一定会民富国强，中国人民的生活水平和质量就一定会达到发达国家的水平。创新发展才能充分发挥人们参与发展的积极性和创造美好生活的聪明才智；协调发展才能克服阻碍发展的“短板”和不平衡问题，为包括人民共享福祉在内的共享发展创造条件；绿色发展才能为人民创造美好的生活环境，从而提高人民的生活质量；开放发展在开辟广阔发展空间的同时，也为民生国际化、现代化提供了现实可能性；共享发展更是把人为核心的发展目标、立足点和出发点进行了直接表达。在五大发展理念指导下，《建议》还具体就人民群众普遍关心的就业、教育、社保、住房、医疗，绿色发展、保障人民健康和改善环境质量，通过改善二次分配促进社会公平，精准扶贫、精准脱贫，把更多公共资源用于完善社会保障体系等进行了体制政策安排。

2015年11月23日，习近平总书记在主持中共中央政治局第二十八次集体学习时强调，要立足我国国情和我国发展实践，发展当代中国马克思主义政治经济学。要坚持以人民为中心的发展思想，这是马克思主义政治经济学的根本立场。要坚持用创新、协调、绿色、开放、共享的新的发展理念来引领和推动我国经济发展。这就是说，为了实现“两个一百年”奋斗目标，我们不仅要坚持用五大发展理念指导今后经济发展的实践，而且还要充分利用、努力提炼实现“两个一百年”奋斗目标的丰富实践经验，使之上升为科学理论，为马克思主义政治经济学的创新发展贡献中国智慧，不辜负时代赋予我们的光荣使命。

（原载《山东社会科学报道》2015年12月7日第6期）

贯彻创新发展理念　增强发展新动力

袁红英

党的十八届五中全提出，实现“十三五”时期发展目标，破解发展难题、厚植发展优势，必须牢固树立并切实贯彻创新、协调、绿色、开放、共享的发展理念。全会把创新放在“五个发展”理念的首要位置，强调把创新摆在国家发展全局的核心位置，阐明了全新的发展理念，充分说明了创新对于我国科学发展和综合国力提升的重要意义，而且赋予了创新概念更广泛、更深厚的内涵。这既反映了我国创新发展对经济规律的主动认识，也是遵循历史发展客观要求，不断引领经济社会发展跨上新阶段、新高度的重要基础。

一、我国创新战略的进展历程

我国的创新驱动发展战略基本上与世界科技创新发展的进程保持了一致性，国家创新战略的实施是在前期国家科技发展战略基础上逐步演化而来的。从“科学技术是第一生产力”到“创新驱动发展战略”，中国创新发展不断迈上新台阶、跨上新高度。

新中国成立以后，为了适应国民经济发展和国防技术现代化的需要，我国于1956年编制了第一个科学技术发展规划《1956~1967年科学技术发展远景规划》，1963年，又编制了第二个规划《1963~1972年科学技术规划纲要》。改革开放以后，1978年全国科学技术大会召开，邓小平同志提出了“科学技术是生产力”的著名论断，这成为推动新时期科技发展与创新的重要指导思想。之后，我国又编制了《1986~2000年科技发展规划》，提出要贯彻“科学技术工作必须面向经济建设，经济建设必须依靠科学技术”的基本方针，并强调要根据我国的实际情况，发展具有我国特色的科学技术体系。

20世纪90年代以后，世界各国纷纷加大力度推动国家创新战略的实施。我国在这一时期也借着改革开放的契机，打开了与国际先进技术对望的窗口，自主创新越来越受到中央高层的关注。1995年，江泽民同志在全国科学技术大会上明确指出：“创新是一个民族进步的灵魂，是国家兴旺发达的不竭动力……作为一个独立自主的社会主义大国，我们必须在科技方面掌握自己的命运。”这些论述表明技术创新已经成为中央谋划新一轮国家战略布局的重要坐标。这个时期的科技创新已经被纳入到国家改革与发展的大局中，成为推进国家振兴与发展的重要内容和助推器，同时也开启了我国科技发展战略向国家创新战略的转型。

2006年1月，在全国科学技术大会上，胡锦涛同志从国家战略布局的高度系统阐述了推进自主创新战略、建设创新型国家的完整内涵，2006年2月，国务院颁布了《国家中长期科学和技术发展规划纲要（2006～2020年）》，强调：“今后15年科技工作的指导方针是：自主创新，重点跨越，支撑发展，引领未来。”这成为全面谋划和推进国家创新战略的重要指导方针。之后，随着国家创新战略的深入实施，关于建设创新型国家的战略谋划，更多朝着完善国家创新体系的方向演进。

十八大以后，习近平总书记发表了一系列重要讲话，对实施创新驱动战略做了进一步的部署安排。十八大报告明确提出将着眼于经济发展方式的转变，实施创新驱动发展战略。2013年7月17日，习近平总书记在中国科学院考察时强调，要真正把创新驱动发展战略落到实处；9月30日，在中央政治局第九次集体学习时指出，要把创新驱动发展作为面向未来的一项重大战略实施好；2014年6月4日，在2014年国际工程科技大会上的主旨演讲中习近平明确指出，我们把创新驱动发展战略作为国家重大战略，着力推动工程科技创新，实现从以要素驱动、投资规模驱动发展为主转向以创新驱动发展为主。这些讲话从国家转型发展的战略高度，指出了走向以创新驱动发展为主的战略新阶段的必要性，是对国家发展战略的全新谋划和推动。五中全会再提创新发展，并坚持把创新发展作为国家发展的一个重大核心战略，不仅是党中央和国务院认识新常态、适应新常态、引领新常态，保持经济社会持续健康发展，所提出的新理念、新思路、新举措，更体现了党中央、国务院在社会经济发展理念上，不断与时俱进、拓展完善、逐步深化的探索过程。

二、依靠创新形成高端要素的集聚融合

不断推进理论创新、制度创新、科技创新、文化创新等各方面创新，依靠创新形成高端要素的集聚融合，培育我国经济发展的新动力。五中全会所讲的创新不仅仅是科技创新，还包括理论、制度、文化等一系列的创新，它是涉及各领域、各层面、各主体的系统性、全局性创新。促进科技创新与理论创新、制度创新、文化创新等持续发展和全面融合，就能够打通科技创新和经济社会发展之间的通道，让一切劳动、知识、技术、管理、资本的活力竞相迸发，释放巨大的发展潜能。

我们要认清当前所处阶段，既有内在压力，也有外在压力的形势。改革开放 30 多年来主要依靠资源等要素投资驱动推动经济增长和规模扩张的粗放型发展方式已难以为继，已不适应新的发展模式。当前我国经济发展进入新常态，基本特点是速度变化、结构优化和动力转换，其中动力转换最为关键，决定着速度变化和结构优化的进程和质量。未来五年是全面建成小康社会决胜阶段，能否成功转变发展方式，成功跨越“中等收入陷阱”，关键是看能否依靠创新打造发展新引擎；面对 2008 年以来的国际金融危机，各国正在进行抢占科技制高点的竞赛，全球进入空前的创新密集和产业振兴时代。美国、欧盟、日本等主要发达国家纷纷采取措施，推动本国科技创新能力的提升，促进新兴产业发展，积极强化创新部署，如美国再工业化战略、德国工业 4.0 战略等。当前世界范围内信息技术、生物技术、新材料技术、新能源技术广泛渗透，带动以绿色、智能、泛在为特征的群体性技术突破，重大颠覆性创新不时出现，对国际政治、经济、军事、安全、外交等产生深刻影响，甚至改变国家力量对

比，成为重塑世界经济结构和竞争格局的关键。这为中国经济实现发展转型，培育国家竞争优势提供了挑战和战略机遇。创新驱动发展战略，不仅仅是我国经济新常态下发展的必然选择，也是应对全球性竞争的必然趋势，是实现中国梦、强国梦的深远战略决策。

三、山东创新战略的现实路径

虽然近年来山东省在创新方面能力提高显著，但是比较来看，受高端创新人才缺乏、成果转化率低、企业创新能力动力不足等因素制约，山东省整体创新能力仍显不足，科技进步对经济增长的贡献率偏低，必须加快塑造更多依靠创新驱动、更多发挥先发优势的引领型发展。

构建培育创新的社会氛围与制度环境。五中全会提出了从市场到政府体制的突破要点，因此创新驱动导向下的政府职能定位应该是：在治理目标上，由“效率优先、兼顾公平”转向将公平置于更加重要和更加突出的位置上；在行为模式上，从投资型政府全面转向服务型政府；在治理手段上，从短期政策权宜转向长期制度改革。要构建发展新体制，加快形成有利于创新发展的市场环境、产权制度、投融资体制、分配制度、人才培养引进使用机制；深化行政管理体制改革，进一步转变政府职能，持续推进简政放权、放管结合、优化服务，提高政府效能，激发市场活力和社会创造力；完善各类国有资产管理体制，建立健全现代财政制度、税收制度，改革并完善适应现代金融市场发展的金融监管框架；创新和完善宏观调控方式，在区间调控基础上加大定向调控力度，减少政府对价格形成的干预，全面放开竞争性领域商品和服务价格。

推进产业创新发展，打造具有自主创新能力的现代产业体系。具有自主创新能力的现代产业体系是创新驱动发展的重要支撑。当前，山东产业发展面临着需求不足、成本上升、产能过剩等突出问题，产业创新的核心环节就是要将最新科技发展融入产业政策之中，推动各类科技创新与产业领域互相融合，大力发展高新技术企业和战略性新兴产业，促进产业转型升级。从世界范围看，国际金融危机后，全球制造业正在经历“再工业化”和全球生产网络重构大潮，后发国家和地区努力从加工贸易向自主创新升级，以新能源、大数据、3D打印、生物医学、人工智能等为代表，新的技术和商业实践在国家和地区之间快速扩散，后发国家获得了产业创新和跨越发展的宝贵契机。在这一背景下，山东产业创新既要立足已有基础推动现有产业转型升级、做大规模，又要抓住新工业革命的机遇，瞄准世界科技前沿，以创新精神培育和打造新的创新点、新的经济增长点，努力在新一轮国际产业转移和分工协作中占据有利地位。

依靠创新打造形成创新高地，加快建设济南、青岛区域科技创新中心，拓展山东经济发展新空间。区域科技创新中心是区域创新网络中的枢纽性节点城市，是区域创新资源的集聚中心和创新活动的控制中心，也是一个国家或地区科技综合实力的代表，它预示着这个区域在分工体系中所能达到的最大高度，因此积极谋划建设区域科技创新中心，正日益成为许多国家和地区应对新一轮科技革命挑战和增强区域竞争力的重要举措。纽约、伦敦、新加坡、东京、首尔等先后提出了建设全球或区域创新中心的目标，并出台了相应的战略规划。美国硅谷、日本筑波、德国慕尼黑、韩国大田等科技创新中心的发展经验也非常值得我们借鉴。近年来，随着我国实施创新驱动发展战略，一些城市和地区相继开始规划建设具有影响力的区域性科技创新中心。北京市提出，在全国的政治中心、文化中心、对外交流中心基础上，增加科技创新中心的定位，上海提出要成为具有全球影响力的科技创新中心，天津提出打造具有国际影响力的产业创新中心和国家级区域创新中心，深圳、成都、哈尔滨等城市近年也纷纷提出要打造国际知名的区域性科技创新中心。2015年6月，济南明确提出要把济南打造成“区域性科技创新中心”，这样的目标定位无疑极具战略意义和现实意义。济南作为山东省的省会城市，当前正处于结构转换、产业升级、发展转型的关键时期，迫切需要依靠创新提高城市发展质量和综合实力。2008年关于省会城市群和山东半岛城市群的有关规划和2013年《省会城市群经济圈发展规划》都明确提出，要加快建设具有较强国内竞争力和国际影响力的区域性科技人才中心。要打造区域科技创新中心，必须把济南的科技优势转化成产业优势，进一步推动企业科技创新，加速推进科技金融，实现产学研进一步融合，形成推进科技创新的强大合力。把济南、青岛打造成区域科技创新中心，将会对济南都市圈、山东全省乃至整个黄河中下游区域的发展产生重要的溢出和拉动效应。

（原载《山东社会科学报道》2015 年 12 月 7 日第 6 期）

牢固树立协调发展理念
增强山东发展的新动力

张凤莲

在党的十八届五中全会上，“协调”二字被反复强调，堪称十八届五中全会的关键词。在全会提出的“创新、协调、绿色、开放、共享”五大发展理念中，协调发展理念闪耀着中国传统智慧之光，富含马克思主义唯物辩证法，是与其他四个理念密切联系、并贯穿于其他四大发展理念的核心理念。在新的历史时期，牢固树立协调发展理念，是我国在“十三五”时期补齐发展短板、拓展发展新空间、增强发展新动力、实现全面建成小康社会宏伟蓝图的必然要求，也是山东建设经济文化强省、实现走在前列目标的重点和关键点。

一、树立协调发展理念是全面建成小康社会的必然要求

首先，树立协调发展理念是党和国家坚持问题导向、破解发展瓶颈的应对之策和明智之举。“问题是时代的格言”，“增强问题意识、坚持问题导向，就是承认矛盾的普遍性、客观性，就是要善于把认识和化解矛盾作为打开工作局面的突破口”。在我国社会主义革命和现代化建设进程中，高度重视、解答和解决经济社会发展中涌现出来的重大问题，始终是推动中国社会主义革命和建设事业不断走向胜利的强大动力。改革开放以来我国经济社会高速发展，在创造世界瞩目发展成就的同时，也有成长的烦恼，产生了一系列不得不面对和解决的“发展起来之后的问题”。从区域差距到城乡差别，

再到物质文明和精神文明发展不同步，发展中不平衡、不协调、不可持续的问题日益突出，并成为下一步发展的瓶颈制约。面对这些问题和挑战，党的十八届五中全会深度聚焦全面建成小康社会目标，明确提出要树立区域城乡、经济社会、物质文明和精神文明、人与自然、经济建设和国防建设协调发展理念，以破解发展中的不平衡、不协调、不可持续问题。可以说，这是我们党坚持问题导向、破解发展瓶颈的应对之策和明智之举，也是着眼于未来谋划发展全局的战略考量。

其次，树立协调发展理念是遵循社会发展规律的必然要求。唯物辩证法认为，事物是普遍联系的，事物及事物各要素之间相互影响、相互制约。为此，我们必须从客观事物的内在联系去把握事物，从城乡联系、区域联系、经济与社会的联系、人与自然的联系、国内发展与对外开放的联系等诸多方面，去认识解决现实发展中的诸多问题。否则，必定走弯路，甚至导致失败。习近平总书记指出："全面深化改革，必须把准改革脉搏，把握全面深化改革的内在规律。"在深化改革进入攻坚期、全面建成小康社会进入决胜期的关键时刻，只有遵循事物发展的客观规律，坚持协调发展理念，紧紧围绕中国特色社会主义事业总体布局，正确处理发展中的重大关系，才能确保全面深化改革顺利向深水区推进，确保全面建成小康社会蓝图顺利实现。

第三，树立协调发展理念是传承弘扬党的优良传统的必然要求。自成立以来，我们党始终坚持以马克思主义唯物辩证法为指导，传承弘扬中国传统文化中"和为贵""天人合一"等优秀思想，在社会主义革命和建设中始终坚持"统筹兼顾""协调发展"等科学方法论。从毛泽东的"弹钢琴""重点论和两点论相统一"等思想，到邓小平的"两手抓"，到胡锦涛的科学发展观，再到习近平的"全面"观、协调发展理念，中国共产党统筹兼顾、协调发展的理念和方法论得到了较好的传承和弘扬。在新的历史时期，我们不仅要丰富和发展党的这种优良传统和作风，而且还要把这种优良传统和作风贯彻到全面建成小康社会的伟大实践之中，并使之转化为全面推动小康社会建设的巨大精神力量。

二、全面把握协调发展的新内涵和新要求

从中华民族的传统智慧，到当代中国协调发展的全新理念，党的十八届五中全会聚焦全面建成小康社会这一宏伟目标，赋予了“协调发展”以新的内涵和新的要求。深刻认识和全面把握这些新内涵和新要求，是牢固树立协调发展理念的重要前提条件。

首先，协调发展是整体性发展。建成全面小康社会，核心和精髓要义是全面，人群要全覆盖，地域要齐头并进，领域要全面协调发展，经济、政治、文化、社会、生态文明建设五位一体，统筹兼顾、全面进步，任何一个方面都不能漏下、落后、掉队。

其次，协调发展是系统性发展。全面建成小康社会关涉社会的方方面面，这些方面之间存在着密切的联系，要围绕中国特色社会主义事业建设总体布局，处理好发展中的各种重大关系，如政治、经济、文化之间的关系，物质文明与精神文明之间的关系，经济发展与环境保护之间的关系等等。只有正确认识和把握并处理好这些关系，才能在实践中做到“四两拨千斤”，收到事半功倍的成效，系统推进各个方面相互促进、协同进步。

第三，协调发展要坚持两点论与重点论的统一。强调整体性进步、系统性发展，并不意味着发展先进的区域和方面就不需要快速发展了，就原地踏步和等待，而是要求在巩固和厚植原有优势的基础上，着力破解发展中的难题，补齐短板，同时要加大对落后地区、贫困人口、弱势群体的帮扶力度，在挖掘发展潜力、开拓发展空间中实现协调发展、共同进步。

三、牢固树立协调发展理念增强山东发展的新动力

山东省作为全国经济文化大省，要在全面建成小康社会伟大进程中实现走在前列的目标，必须牢固树立协调发展理念，为全面建成小康社会、实现强省建设目标提供新动力、开拓新空间。

首先，要深化改革，建立完善“总揽全局、协调各方”的体制机制。习近平总书记指出：“总揽全局、协调各方，这是新形势下实现党的正确领导的重要原则，是提高党的执政能力的基本要求，是形成工作合力的体制保证。”全面建成小康社会不是一帆风顺的坦途，需要克服各种艰难险阻、凝聚各方力量，为此，必须加强顶层设计和科学规划，深化改革，建立凝神聚力的激励机制和协调机制，以增强全省人民为全面建成小康社会奋斗的信心、决心和精神气。

其次，要在树立协调发展理念的同时，牢固树立创新、绿色、开放、共享理念。党的十八届五中全会提出的五大发展理念密切联系、相互贯通、相互促进，是具有内在联系的有机统一体。其中，创新是引领发展的第一动力，协调是持续发展的内在要求，绿色是永续发展的必要条件，开放是国家繁荣发展的必由之路，共享是中国特色社会主义的本质要求。五大发展理念中缺少了任何一个，在贯彻中都会受到负面影响，发展进程都会受到羁绊。为此，要在牢固树立协调发展理念的同时，也要牢固树立创新、绿色、开放、共享理念，把协调理念贯彻于其他发展理念之中，催生 1 +4 大于 5 的功效。

第三，深入实施“两区一圈一带”发展战略，推进区域协调发展。“两区一圈一带”发展战略是山东省委、省政府坚持从实际出发，分类指导，根据山东不同地区生产力发展水平和资源禀赋条件以及发展潜力，制定实施的区域发展战略。在新的历史时期，要深入推进“两区一圈一带”发展战略向纵深发展，积极融入国家“一带一路”等国家战略，着力建设“一带一路”海陆交汇的战略枢纽和双向开放的桥头堡群，打造全国融合互动协调发展示范区和环渤海地区重要经济增长极，为山东发展提供战略支撑和强大引擎。

第四，深入实施新型城镇化战略，推动城乡一体化发展。要建立健全城乡发展一体化的体制机制，完善社会保障制度，逐步建立城乡一体的社会保障体系，减轻农民对土地的依赖，促进农村富余劳动力稳定转移。要健全农村基础设施投入长效机制，推动城镇公共服务向农村延伸，提高社会主义新农村建设水平，逐步实现城乡社会统筹管理和基本公共服务标准化、均等化。

第五，坚持物质文明建设与精神文明建设“两手抓、两加强”，建设文化强省，推动“文明山东”建设再上新台阶。要把培育践行社会主义核心价值观作为文化建设的重中之重，推动社会主义核心价值观大众化、通俗化，真正入脑、入心，转变为人们的自觉行动。要大力传承弘扬齐鲁文化优秀传统，深入实施“四大文化传承工程”，打造孔子文化品牌，推动文化产业与互联网、大数据等现代科学技术、金融、传统制造业等融合发展，在增强区域硬实力的同时注重提升区域软实力，不断增强山东发展的整体性。

另外，山东省要想补齐短板、挖掘发展潜力、增强发展新动力，还必须在提高社会治理水平、实现经济社会协调发展，加强生态环境治理、实现人与自然协调发展等诸多方面，下大决心、花大气力，做出新的更大的努力。

（原载《山东社会科学报道》2015 年 12 月 7 日第 6 期）

坚持绿色发展　建设美丽山东

秦庆武

党的十八届五中全会深入分析了“十三五”时期我国发展环境的基本特征，首次提出了创新、协调、绿色、开放、共享五大发展理念，把“绿色发展”作为五大发展理念之一，首次将“美丽中国建设”写入规划。这既与党的十八大将生态文明纳入“五位一体”总体布局一脉相承，也标志着生态文明建设被提高到了前所未有的高度。绿色发展成为全面建成小康社会的必由之路。

一、牢固树立绿色发展的新理念

绿色发展是党的十八届五中全会提出的新的理念。它至少包括以下几个方面：

一是人与自然的和谐共生。人类是地球生命系统中的一员，与其他生物及其环境因素具有功能和结构的依赖性，构成鲜活的生命共同体。人与自然的关系经历了“以自然为中心”到“以人为中心”两个发展阶段，正开始进入“人与自然和谐共生”的第三个阶段。在原始社会和农业社会，人类改造自然的能力有限，只能是“以自然为中心”。到了工业社会，人类改造自然的能力大大增强，“以人为中心”的观念曾一度占主导地位。但是在实践中试图征服自然、改造自然的努力多数都受到了自然界的报复。后工业社会的到来，人们逐步认识到，只有人与自然和谐共生共处，把世界看做是“自然—人—社会”复合生态系统，才是正确的世界观。

二是资源的节约和高效利用。人类只有一个地球，而地球的资源是有限的。在人类认识水平和生产力水平较低的条件下，人类对资源的开发利用也十分有限，因此资源紧缺的问题并不突出。工业化社会到来后，人类生产力水平大大提高，开发利用资源的能力大大增强，资源短缺问题便突出出来。特别是资源的无序开采、粗放利用、严重浪费等现象的存在，使得社会发展难以持续。石油、煤炭、各类矿产，乃至土地、淡水都成了制约社会发展的约束和瓶颈。后工业社会的到来，使人类认识到，只有节约集约和高效利用资源，才能使社会永续发展。

三是生态的平衡和环境的保护。人与自然和谐共生共处，其重要的底线就是做到生态的平衡和人类生存环境的不被破坏。生态有一定的自然修复能力。在生产力不发达的人类早期阶段，人类对生态的影响有限，生态靠自然修复就能维持自身平衡。但是，工业化的到来，在为人类提供了大量福利的同时，由于人们不注意环境的保护，也对生态平衡带来了巨大影响，包括对森林资源、水资源和矿产资源的滥采滥用，废水废气的排放对环境的污染，化肥农药的使用对土壤的损害等等，造成了生态系统的严重破坏，打破了生态平衡。而更为严峻的是，生态系统破坏容易修复困难。即使人类付出巨大代价，有些生态也难以修复。因此，维护生态平衡和安全，也是维护人类的生存环境。

四是人类社会的可持续发展。五中全会提出，绿色是永续发展的必要条件和人民对美好生活追求的重要体现。要实现社会的可持续发展，必须有序有度利用资源，坚持节约优先，树立节约和循环利用的资源观。要推动低碳循环发展，建设清洁低碳、安全高效的现代能源体系。要加大环境治理力度，实行最严格的环境保护制度。要坚持保护优先的原则，筑牢生态安全屏障。只有坚定不移地走绿色发展的路子，才能实现人类社会的可持续发展。

二、山东绿色发展和生态建设面临的严峻挑战

主要自然资源供需矛盾突出。我省水资源严重短缺，水生态平衡失调。全省淡水资源总量多年平均值为306亿立方米，仅占全国水资源总量的1.09%，人均水资源占有量334立方米，仅为全国人均占有量的14.9%，人均水资源量

不足全国人均水平的1/6。水资源短缺严重制约了工农业生产和城乡建设。土地垦殖率高、耕地后备资源匮乏，人均耕地面积1.27亩。森林资源总量不足，综合防护效能差，特别是生态防护林，人均不足0.1亩，仅为全国人均水平的8%。矿产资源对经济和社会发展的保证程度逐步下降。

环境污染日益严重。我省是工业大省，重化工业占比较大，主要污染物排放总量较高，结构性污染问题突出。化学需氧量、二氧化硫等主要污染物排放总量居全国前列。城市环境质量处于较低水平。全省有8个设区市城区环境空气质量低于国家二级标准，雾霾天气对民众健康带来严重影响。地表水水质污染严重，危险废物和医疗废物处理处置率偏低，对环境和人体健康造成潜在威胁。农业面源污染持续扩大，农药化肥施用强度大，农产品质量安全受到威胁。

生态环境十分脆弱。山东省森林覆盖率低，只有18.8%，且结构不合理，水源涵养、防风固沙、净化空气等生态功能低下。水土流失和土地沙化严重，水土流失面积占全省国土面积的41.5%，土地风沙化面积已达1250万亩。地下水超采，水位埋深大于6米的平原超采区面积为2.75万平方公里，海水入侵面积已达1120平方公里。生态破坏严重，矿区地面塌陷面积达332平方公里，粗放开采造成植被和景观破坏、湿地减少、调控功能明显降低。

粗放型经济增长方式仍占主导地位。全省劳动生产率仅为发达国家的1/40，单位国内生产总值能耗是发达国家的2～5倍，原材料投入与发达国家相比，钢材是2～4倍，水泥是2～11倍，化肥是2～13倍。国内生产总值的增长付出了过大的资源与环境成本。产业结构不尽合理，资源密集型产业比重大。虽然经过多年的努力，全省环境质量有了一定程度的改善，但如不改变粗放型的经济增长方式，尽快调整产业结构，环境污染和生态破坏问题将难以解决。

三、坚持绿色发展是建设生态山东的有效路径

目前，我省正处于工业化、城镇化快速推进的历史阶段，经济社会发展与资源环境承载力不足的矛盾十分尖锐，节能减排形势异常严峻。不从根本上改

变高消耗、高污染、低效益的传统发展方式，山东发展的道路将会越走越窄。只有以“美丽山东”建设作为目标，以绿色发展作为根本途径，以生态建设为重要着力点，倒逼经济结构调整和发展方式转变，才能破解资源环境约束瓶颈，实现我省经济社会可持续发展。

一是要增强忧患意识，树立绿色发展新理念。要把资源节约和保护环境作为山东发展的重要着力点，坚持走生产发展、生活富裕、生态良好的可持续发展之路。加快建设资源节约型、环境友好型社会。要加快构建绿色的生产方式和消费模式，提高全社会生态文明水平，增强可持续发展能力。要坚持绿色富省、绿色惠民，为人民提供更多优质生态产品，推动形成绿色发展方式和生活方式，协同推进人民富裕、国家富强、山东美丽。

二是要升级改造传统产业，发展绿色经济。绿色经济以传统产业升级改造为支撑，以发展绿色新兴产业为导向，在保持经济稳定增长的同时，促进技术创新，创造就业机会，降低经济社会发展对资源能源的消耗及对生态环境的负面影响。要加强资源节约、环境保护技术的研发和引进消化，对重点行业、重点企业、重点项目以及重点工艺流程进行技术改造，提高资源生产效率，控制污染物和温室气体排放。依法关闭一批浪费资源、污染环境和不具备安全生产的落后产能。采用信息技术改造提升传统产业。

三是要加大生态建设力度，强化环境保护。我省当前要以解决饮用水不安全和空气、土壤污染等损害群众健康的突出环境问题为重点，加强综合治理，明显改善环境质量。要落实减排目标责任制，强化污染物减排和治理，增加主要污染物总量控制种类，加快城镇污水、垃圾处理设施建设，加大重点流域水污染防治力度，有效控制城市大气、噪声污染，加强重金属、危险废物、土壤污染治理。要严格污染物排放标准和环境影响评价，强化执法监督，健全重大环境事件和污染事故责任追究制度。要坚持保护优先和自然恢复为主，从源头上扭转生态环境恶化趋势。要实施重大生态修复工程，加快建立生态补偿机制，加强重点生态功能区保护和管理。

四是要完善政策体系，健全激励机制。要加大各级财政对绿色经济的支持力度，加快推进资源循环利用工程、大规模环保治理工程建设，支持石墨烯等新材料、新能源产业和环保产业加快发展，大力推广高效节能环保产品，推行清洁生产和技术改造，积极构建绿色建筑、绿色交通体系，形成对绿色经济最直接、最有效的需求拉动。落实健全污水垃圾处理费征收和使用管理，提高重金属污染物排污费缴纳标准。推进建立生态环境补偿机制。完善矿产资源有偿使用制度。加大税收、金融对绿色经济的支持力度。

（原载《山东社会科学报道》2015 年 12 月 7 日第 6 期）

坚持开放发展理念打造对外开放“升级版”

李广杰

对外开放是我国的基本国策，以开放促改革促发展是过去30多年我国不断取得成功的重要经验。十八届五中全会将“开放”列为“十三五”必须牢固树立并切实贯彻的五大发展理念之一，并对“坚持开放发展”提出了明确的新思路、新要求、新举措。坚持开放发展理念，发展更高层次的开放型经济，打造对外开放“升级版”，是我国针对国内外发展环境新变化、新趋势作出的重大战略部署。山东作为我国的经济大省和对外经贸大省之一，必须深入贯彻落实开放发展理念，着力开创对外开放新局面，推动开放型经济发展迈向更高层次。

一、“十三五”开放发展的新内涵和新要求

十八届五中全会提出，坚持开放发展，必须顺应我国经济深度融入世界经济的趋势，奉行互利共赢的开放战略，发展更高层次的开放型经济，积极参与全球经济治理和公共产品供给，提高我国在全球经济治理中的制度性话语权，构建广泛的利益共同体。

“十三五”开放发展的内涵更加丰富。改革开放30多年来，我国坚持以开放促改革促发展，促进了国内改革，提升了经济发展质量和水平，经济保持了持续快速增长，成为全球第二大经济体。开放型经济发展取得显著成效，我国已成为全球第一货物贸易大国、第三服务贸易大国、第一利用外资大国、第三对外投资大国，对外贸易和利用外资结构不断优化，对外投资持续扩大。我

国经济与世界经济的关系已经发生深刻变化，呈现出深度融入世界经济的新趋势。顺应国内外发展环境的新变化、我国经济与世界经济关系的新趋势，“十三五”期间我国将实施更加全面的对外开放，开放发展的内涵更加丰富。过去的开放发展重点是“引进来”，着重强调吸引外资、扩大产品出口，侧重单向开放；新常态下的开放发展不仅强调“引进来”，更加注重“走出去”，是统筹国内国际两个大局基础上的双向开放。

“十三五”开放发展的要求更高。我国对外开放的基础和条件已发生根本性变化，需要新的开放布局，因此，十八届五中全会对我国“十三五”开放发展提出了更高要求。一是提升对外开放层次。坚持内外需协调、进出口平衡、引进来和走出去并重、引资和引技引智并举，进一步完善对外开放战略布局，推进双向开放，通过优化对外开放区域布局、加快对外贸易优化升级、扩大对外开放领域、支持企业扩大对外投资，促进国内国际要素有序流动、资源高效配置、市场深度融合，打造更高层次的开放型经济。二是形成对外开放新体制。营造更加公开透明的法律政策环境、更加高效的行政环境、更加平等竞争的市场环境，推进投资贸易更加便利化，为更高层次开放提供体制机制保障。三是积极参与全球经济治理。提高我国在全球经济治理中的制度性话语权，促进国际经济秩序朝着平等公正、合作共赢的方向发展，既是我国发展的需要，也是世界发展的需要。我国将更加积极地参与全球经济治理，参与和引导国际经贸规则制定，加快实施自由贸易区战略，在国际经贸规则制定中发出更多中国声音、注入更多中国元素。同时，通过推进共建“一带一路”等举措，在国际公共产品供给方面发挥更加重要的作用。

二、着力开创山东对外开放新局面

开放型经济在山东经济社会发展中占有重要地位和作用。而且，山东作为我国东部沿海经济大省，在全国对外开放格局中位居重要地位。多年来，山东坚持实行积极主动的对外开放战略，对外贸易、利用外资、对外投资均位居全国前列。“十三五”期间，山东开放型经济发展既面临诸多有利条件，也面临不少制约因素。应深入贯彻落实十八届五中全会精神，坚持开放发展理念，打造山东对外开放“升级版”，在发展更高层次开放型经济方面继续走在全国前列。

（一）加快转变外贸发展方式，培育外贸发展新优势

在国际竞争日趋激烈、国内生产要素成本不断上升、资源环境约束日益强化的背景下，传统的规模扩张型外贸发展模式已经不可持续。山东应着力推进企业自主创新和产业结构优化升级，显著提升山东产业在全球价值链分工中的地位，促进出口产品结构优化，加快形成以技术、品牌、质量、服务为核心的外贸竞争新优势。创新对外贸易业态，通过完善相应的支持政策，积极推进跨境电子商务、市场采购贸易、外贸综合服务等新兴贸易业态发展。优化对外贸易结构，加快发展服务贸易，进一步扩大服务出口，提升服务贸易占山东对外贸易总额的比重。

（二）进一步拓宽对外开放领域，着力加快服务业开放步伐

山东服务业开放程度不高，竞争力弱，成为经济发展中的明显“短板”。应积极抢抓服务全球化、服务贸易自由化机遇，在继续提升制造业利用外资水平的同时，把扩大服务业开放作为新阶段深化山东对外开放的突出重点，进一步放开服务业领域外资准入限制，扩大金融、教育、文化、医疗、旅游等服务业领域开放，有序放开养老、商贸流通、电子商务等服务业领域，扩大服务业利用外资规模，促进服务业加快发展。

（三）加快“走出去”步伐，提升对外投资规模和水平

扩大对外投资是提升开放型经济水平、深度融入世界经济体系的必由之路。山东应进一步激发“走出去”的动力和活力，推动更多的企业和个人到境外开展投资合作，实现对外投资新突破。在金融、财税等方面加大对优势企业在全球布局产业链条的支持力度，增强企业国际化经营能力。鼓励和引导省内纺织、化工、建材等传统优势产业向境外转移优势产能，在境外设立生产加工基地。支持有实力的跨国经营骨干企业建设境外经贸合作园区、境外产业集聚区，为更多企业“走出去”提供平台和载体。

（四）以推进投资贸易便利化为核心，加快构建开放型经济新体制

一是复制推广我国自贸试验区改革试点经验。加快自贸试验区改革试点经验复制推广，深化外商投资管理体制、对外投资管理体制和贸易便利化改革。二是积极争取设立自由贸易试验区。进一步加大以青岛保税港区为核心区域的自由贸易试验区申建力度，争取尽早得到中央政府批复，在开放型经济体制机制创新方面先行先试。三是大力推进中韩自贸区地方经济合作示范区建设。围绕贸易、投资、服务、产业合作等领域进行先行先试，打造中韩自由贸易先试平台、中韩产业融合先行高地，为进一步扩大鲁韩、中韩合作先行探路并积累“可复制、可推广”的经验。

（五）积极融入国家扩大开放战略布局，深度参与国际区域合作

一是积极融入“一带一路”建设。发挥山东自身优势，加强与“一带一路”沿线国家和地区在更宽领域、更高层次上的交流合作，培育山东参与国际合作竞争新优势。二是利用好自由贸易协定中的贸易投资便利化措施。山东应抓住我国加快推进双边或多边自贸区建设带来的有利机遇，利用好自由贸易协定中的贸易投资便利化措施，深度参与国际区域合作。

（六）加快经济园区转型升级，提升对外开放载体功能

经济开发区和各类园区是对外开放的重要载体，在促进山东外贸发展、提高利用外资水平方面作用突出。应加快开发区体制机制创新和海关特殊监管区域优化整合，推动国家级开发区整合周边园区平台，向经济新区转变，促进和支持省级开发区围绕主导产业打造产业集群，实现错位发展，形成各类园区分工明确、特色鲜明、优势互补、联动发展的良好格局，使园区成为聚集高端要素的主要载体、开放创新的重要阵地、富有竞争活力的经济增长极。

（七）完善对外开放区域布局，提升全方位开放水平

山东对外开放的区域差距显著，虽然近年来山东中西部地区开放型经济发展步伐加快，但全省对外贸易额、利用外资额、对外投资额的绝大多数仍集中在东部沿海地区。东部沿海地区应发挥海关特殊监管区域多、对外开放基础条件好等优势，加快开放型经济转型升级；中西部地区应着力优化发展环境，加

强对外开放载体建设，加大承接国际产业转移力度，积极发展特色外向型产业，挖掘和释放对外开放潜力。同时，发挥“蓝黄”两区两大国家战略政策叠加、先行先试优势，推进“蓝黄”两区与省会城市群经济圈、西部经济隆起带之间在产业发展、招商引资、海关特殊监管区域功能延伸、开发区跨区域整合等方面的合作，形成省内东部与中西部良性互动的对外开放格局。

（原载《山东社会科学报道》2015 年 12 月 7 日第 6 期）

共享发展：效率与公平的双向合意正解

周德禄

效率与公平决定着社会的荣枯兴衰。古今中外、历朝历代概莫能外。新中国成立以来，我们在效率与公平的权衡取舍中跌宕前行，66 年的风雨历程使我们凝练出足够的智慧来处理效率与公平的关系问题。十八届五中全会提出，要破解发展难题，厚植发展优势，必须牢固树立并贯彻实施共享发展理念。共享发展理念将效率与公平从互为对立的“两轴”转化为共同推进经济社会发展的“两翼”，全面植入了“效率是基础、公平是本体”的双向合意思路，成为促进全面建成小康社会目标顺利实现的重要思想保障。

一、只有维护公平才能为共享发展营造更加广阔的效率空间

资本主义发展前期，公平曾被视为效率的天敌。原始古典经济学派认为，如果生产资料平均所有，收入平均分配，那么分散的资本要素就无法有效集中，社会化大生产的集聚效益就无从取得，因此，他们主张生产要素应该“自由”流动到工业资本家的手中，以获取最大化的发展效率。在这种理论的推动下，资本的原始积累得以完成，资本主义也取得了史无前例的巨大发展。正如马克思所言，“资产阶级在它不到一百年的阶级统治中所创造的生产力，比过去一切世代创造的全部生产力还要多，还要大”。显然，马克思对效率所产生的价值给予了极为客观的肯定，但马克思的睿智之处并不在于此，而是一针见血地预见了这种偏执于效率发展的恶果必将是“资本家自掘坟墓”。在马克思作出这个预言后的不到一百年时间里，欧洲资本主义国家普遍遭遇了经济

大萧条。这一发展现实迫使众多的西方经济学家们开始重新思考“效率与公平的关系问题”。凯恩斯提出的有效需求不足理论，无疑是其中最有建树和卓有成效的。该理论认为，资本收入过度地挤占劳动收入，造成收入两极分化，一方面必然导致普通民众无钱可花，另一方面势必导致资本家的钱多得不知如何花，最终的结果是社会有效需求不足，发展濒临停滞。正是在该理论的指导下，资本主义国家利用政府力量对效率与公平进行了再平衡，战后的资本主义经济才得以再次腾飞。尽管当今社会对凯恩斯主义诟病良多，但是这丝毫无法掩盖它在正确处理效率与公平关系方面所显现出的惊人智慧。资本主义发展的历史从正反两方面告诉我们，维护公平就是尊重效率。

二、只有尊重效率才能为共享发展创建更高水准的社会公平

如果说资本主义国家在其发展进程中尝尽了忽视公平而带来的惩戒之痛，那么我们国家也历经了忽视效率而产生的切腹之殇。“不患寡而患不均”的平均主义思想主宰封建社会几千年，“不为人先，不耻人后”等中庸思想感化了数代民众，在我国历史上，人民习惯了低水平循环往复自给自足的生活方式，致使众多富有效率的创新制度都被掩埋其中。新中国成立之初，我们曾倍加推崇“公平至上”的制度设计，从“一大二公”的人民公社制度，到轰轰烈烈的工商私有资本的社会主义改造，这些制度在迎合民众向往公平夙愿方面的确深得人心，对巩固当时政治稳定也确实发挥了不可替代的重要作用。但是，经过新中国成立后近 30 年的实践，该制度忽视效率的弊端已显露无遗。小平同志关于“贫穷不是社会主义”的论断唤起了国内关于效率发展的重视。在这一思想的有效推动下，“效率优先、兼顾公平”一度成为我国在 20 世纪 80 年代到 90 年代期间制度设计的基本指导方针，我国的改革开放也得以轰轰烈烈的开展，其成就举世瞩目。在效率优先原则的指导下，我国国内生产总值连续翻番，80 年代基本解决了温饱问题，90 年代人民生活基本实现了小康。进入新世纪以来，效率优先发展所产生的不平衡问题越来越突出，党和国家对此十分重视，但并没有因噎废食，而是更加充分尊重效率与公平的内在关系规律，

将两者放在同等重要的位置上加以考虑，进一步提出了统筹发展、和谐发展、共享发展等更为先进的发展理念。习近平总书记在十八届五中全会上明确提出的共享发展理念，把我国对效率与公平关系的认识水平提升到了空前高度，为“两个一百年”奋斗目标和伟大“中国梦”顺利实现提供了重大思想保障。新中国成立以来的国内发展经验告诉我们，只有持续尊重效率才能不断享有更高水平的公平。

三、本着效率与公平双向合意的原则，全面推进共享发展

十八届五中全会明确要求，必须坚持发展为了人民、发展依靠人民、发展成果由人民共享，作出更有效的制度安排。“为了人民、依靠人民、人民共享”的三层次要求，充分体现了效率手段与公平目的有机统一。全会在共享发展方面作出的全面部署，深度融入了效率与公平双向合意的原则理念。认真贯彻落实这些理念必将推动共享发展取得最大化正解。

（一）推进教育公平，提升劳动生产效率

现代生产制度中，教育投入被视为最重要的人力资本投资，并且教育人力资本收益具有明显的外部性特征，因此，各个国家和地区都十分重视教育公共投入水平及其公平性。近年来，我国教育公共投入占国内生产总值比重明显提高，已经接近或超过了世界平均水平，作为世界第一人口大国，这本身已是巨大成就。但不容忽视的是，我们的教育发展存在明显的不均衡，这明显抑制了潜在效率发挥。比如，中西部教育投入不足抑制中西部崛起，农村教育投入不足牵制城乡统筹步伐，职业教育投入不足阻滞产业转型升级等。教育投入的区域失衡、城乡失衡和结构失衡问题所覆盖的人口总量十分巨大，如能重点解决这三个方面的不公平问题，必然能释放出巨量的潜在劳动生产效率。

（二）推进收入公平，改善宏观消费效率

需求不足，是当前宏观经济面临的主要问题。近年来，居民消费价格指数走势持续低迷，反映出国内居民消费动力明显不足。众所周知，提高居民收入水平必然带动居民消费水平。但是现实的发展足以使人对这一命题感到迷惑，

因为国内外的发展经验都在告诉我们，收入水平提高并不是消费水平提高的充分必要条件。凯恩斯正是运用长期以来被人们忽略的消费弹性随收入水平的提高而降低的特点，解释了收入差距扩大吞噬消费动力的内因所在。我国当前内需不足，很大程度上也是由于收入差距扩大造成的。从大处着眼，农村人口接近全国总人口一半，他们的平均收入仅为城市人均收入的三之一，更何况他们内部还存在着不只是三分之一级差的收入差距；再从细节着眼，劳动收入是我国绝大多数居民的重要收入来源，按道理，劳动收入增长水平应该同步于经济增长水平，但是事实并非如此，显然，资本等其他要素对劳动收入产生了明显的挤出效应，收入增长正在向少部分掌握资本等非劳动要素的人口集中，长此以往，末大必折。可见，只有在逐步缩小收入差距中实现居民收入的不断增长，才能获得最优的宏观消费效率。

（三）推进代际公平，优化可持续发展效率

市场经济倾向于现收现付的特点，往往导致社会发展缺乏长远观。然而，社会的长远进步恰恰取决于着眼长远的可持续发展效率。我国丰收了 30 多年改革开放的红利，这其中不可或缺的就是人口红利。从人口红利的定义可断，该项红利的产生和维持基于人口结构变动的特定历史阶段，一个阶段的人口红利必然对应着另一个阶段的人口“负债”。如果不能在相对长远的视阈下客观认识这一涉及代际间的公平问题，势必遭受可持续发展效率低下所带来的无可挽回的损失和危害。令人鼓舞的是，党和国家对此高瞻远瞩，已经提前预见到了这一明显有损可持续发展效率的代际公平问题，并在尊重经济社会发展现实、尊重人口发展规律的基础上，对人口政策做出了适度调整。伴随“全面两孩”政策后续人口效能的持续释放，我国可持续发展能力和水平将获得进一步优化和提升。

（原载《山东社会科学报道》2015 年 12 月 7 日第 6 期）

遵循“六个坚持”
实现全面小康

坚持人民主体地位　实践共享发展理念

冯　锋

实现好、维护好和发展好最广大人民群众的根本利益，是我国一切发展的根本目的。党的十八届五中全会通过的《中共中央关于制定国民经济和社会发展第十三个五年规划的建议》（以下简称《建议》），明确提出了如期实现全面建成小康社会奋斗目标必须遵循的六条原则，坚持人民主体地位排在第一位。这说明以习近平同志为总书记的党中央始终尊重人民群众、关心人民群众，始终把改善民生、增进人民福祉作为治国理政的头等大事。

一、坚持人民主体地位关乎全面建成小康社会成败

人民群众是历史的创造者。坚持人民主体地位是我们党不断发展壮大和取得成功的重要经验。回顾党成立90多年来的光辉历程，正是由于始终紧紧依靠人民群众，始终注重发挥人民群众的主体作用，我们党才不断领导人民群众取得了革命、建设和改革的伟大胜利。党在发展中不断实现理论创新、道路创新和制度创新，从根本上来说也都是因为有了人民群众的衷心拥护和大力支持。正是由于人民群众的生动实践，党的创新发展才有了智慧之源，正是由于人民群众的不懈奋斗，党的创新发展才有了力量之源。

党的十八大以来，以习近平同志为总书记的党中央把加强党的作风建设与全面建成小康社会的实际工作密切相结合，充分尊重人民主体地位，高度重视群众工作，强调检验我们党一切工作的成效，最终都要看人民是否真正得到了实惠，人民生活是否真正得到了改善。尤其是在全党深入开展的群众路线教育

实践活动和“三严三实”专题教育活动，在从根本上大大改善党内作风的同时，也真正把人民群众的主体地位落到了实处，贯穿在了全面建成小康社会的各个方面，不断在尊重人民主体地位、保障群众各项权益、促进人的全面发展上取得了新成效。

实践证明，我们党之所以不断领导人民取得新胜利，并得到人民群众的认可和拥护，根本原因就在于始终坚持群众利益至上、尊重人民主体地位，始终致力于改善民生、增进人民福祉，给人民群众带来看得见、摸得着的实惠和利益。全面建成小康社会要想取得决定性胜利，当然也要始终坚持人民主体地位，把人民群众的利益需要作为价值追求，把实现人的自由全面发展作为价值指向，从广大人民群众的根本利益出发谋发展、促发展，不断满足人民日益增长的物质需求和精神文化需求，切实做到发展为了人民，发展依靠人民。

当前，我国正处于“四个全面”协同发展的关键期、改革攻坚期、矛盾凸显期，许多深层次的矛盾和问题逐渐显现，全面建成小康社会能否赢得决定性胜利正面临着诸多严峻挑战。为了把中国特色社会主义伟大事业推向前进，顺利实现“十三五”规划的发展目标，我们党必须继续牢牢坚持人民主体地位，不断密切党与人民群众的血肉联系，不断增强自身创造力、凝聚力和战斗力，为全面建成小康社会，进而实现中华民族伟大复兴中国梦，赢得更加广泛、更加深厚的群众基础。

二、共享发展理念最能体现人民主体地位

十八届五中全会召开以后，很多专家、学者都在解读全会精神有哪些亮点、看点，有哪些振奋人心之处，比如全面建成小康社会必须遵循的六条原则，比如《建议》浓墨重笔阐述的五大发展理念，还有旨在建设网络强国和数据强国的“三个实施”战略，等等，都是本次全会精神的一些突出亮点。如果说要在这些亮点里找一个最鲜亮、最突出的，笔者认为应该是最能体现人民主体地位的共享发展理念。

“天地之大，黎元为先。”说共享发展理念是最大亮点，是因为它集中体

现了我们社会主义国家坚持走全民共同富裕道路的价值取向，集中体现了我们党执政为民的施政理念，集中体现了我们建设社会主义现代化的根本目的，就是为了不断改善群众民生，增进人民福祉，让全体人民都过上幸福美满的生活。通读《建议》全文，如何使全体人民在共建共享发展中有更多获得感，我们看到了很多更丰富、更具体的制度安排，很多有关改善民生和增进人民福祉的内容都显得十分亲民和接地气儿。比如全面实施一对夫妇可生育两孩的政策、免除中等职业教育和困难学生普通高中学杂费、全面实施城乡居民大病保险制度等举措，都反映了人民群众多年来的企盼，也都将使人民群众在“十三五”时期享受到更多实实在在的发展成果。

说共享发展理念最能体现人民主体地位，还因为它集中体现了其他四大发展理念的根本价值追求。创新发展、协调发展、绿色发展和开放发展，虽然理念各有不同，内容各有侧重，但其发展的根本价值追求都可以归结为一点，就是为了改善全民民生，增进全民福祉。创新发展，解决的是发展动力问题；协调发展，强调的是区域、城乡发展的协同、平衡；绿色发展，讲的是如何处理好人和自然的关系；开放发展，强调中国的发展如何与世界对接。这种种理念的发展，带给全体人民群众的将是更多可视可见的实惠，比如贫困县的全部“摘帽”，比如看得见的蓝天白云，比如吃得放心和安全，等等。因此，“十三五”各种理念的发展，都可视作是民生的发展、共享的发展，都与坚持人民主体地位和改善人民福祉息息相关，归根结底为的都是实现好、维护好、发展好最广大人民群众的根本利益。

三、推动共享发展的关键是要解决社会公正问题

“治天下也，必先公，公则天下平矣。”坚持人民主体地位，实践共享发展理念，其实质是要解决社会的公平正义问题。随着“十三五”大幕的即将开启，我国全面建成小康社会即将进入最后五年的决胜阶段，如何按照《建议》要求的，让7000万贫困人口如期脱贫，让13.7亿人民享有“更好的教育、更稳定的工作、更满意的收入、更可靠的社会保障、更高水平的医疗卫生

服务、更舒适的居住条件、更优美的环境”，这种种民生问题，实质上都是要让发展成果秉承社会的正义原则，更公平地惠及全体人民。

党的十一届三中全会以来，我们党在坚持执政为民、发展为民的建设实践中，创造了令世人赞叹的伟大成就。社会生产力得到极大发展，社会财富得到极大丰富，人民生活水平得到极大提高，为实现社会的公平正义创造了必要的物质条件和社会环境。我们恢复和改革了高考制度，建立和完善了公务员、事业单位编制人员的考录制度，推进了社会成员升学和就业的机会均等；我们历史性地免除了农业税，建立了新型农村合作医疗制度，大大降低了农民负担，推动了城乡协调发展；等等，都极大地维护了社会的公平正义，推动了全体国民共享发展成果。

然而，随着我国进入社会转型期，尤其是我们已经进入协调推进“四个全面”战略布局的新时期，在坚持发展为民和实现社会公平正义的实践中，我们还存在着不少问题亟待解决。地域差距、城乡差别、行业垄断、贫富分化、权力腐败等现象，都是当前社会公平正义方面存在的突出问题。我们必须充分认识到，推动共享发展，无论是现实情况还是制度设计，我国的体制机制都还亟需完善。如何始终坚持人民主体地位，推动实现社会公平正义，充分体现出社会主义制度的优越性，使全体人民在共建共享发展中有更多获得感、幸福感，依然是任重道远。

展望“十三五”，我们坚持人民主体地位，推动共享发展，不断解决社会公平正义问题，不断提升人民的幸福指数，关键是要突出问题导向，在破解人民群众普遍关心的热点难点问题中开拓前进，尤其是要把十八届五中全会《建议》中提出的民生“硬指示”落到实处，切实解决就医难、看病难、上学难等民生难题，如期完成扶贫攻坚、扩大就业、推进创业等艰巨任务，不断增进公共服务供给和提高公共服务共建能力和共享水平，不断创新社会治理和提高社会保障能力，真正让群众得到看得见、摸得着的实惠。

（原载《山东社会科学报道》2015 年 12 月 25 日第 7 期）

坚持科学发展　全面建成小康

石晓艳

党的十八届五中全会提出，如期实现全面建成小康社会奋斗目标，必须坚持科学发展。改革开放以来，特别是党的十六大以来，我们党坚持发展是第一要务，对新形势下实现什么样的发展、怎样发展等重大问题做出了科学回答。党的十八大以来，习近平总书记立足新的历史条件，围绕科学发展作出一系列重要论述，丰富了我们党关于发展的科学理论，为推进全面建成小康，实现强国复兴指明了方向。

一、全面建成小康必须坚持科学发展

2020年我国将全面建成小康社会，为实现这一奋斗目标，科学发展需以提高发展质量和效益为中心，加快形成引领经济发展新常态的体制机制和发展方式，保持战略定力，坚持稳中求进，统筹推进五大建设，确保如期全面建成小康社会。

（一）这是由当前国际发展环境决定的

"十三五"规划建议中指出，"和平与发展的时代主题没有变，世界多极化、经济全球化、文化多样化、社会信息化深入发展，世界经济在深度调整中曲折复苏，新一轮科技革命和产业变革蓄势待发，全球治理体系深刻变革，发展中国家群体力量继续增强，国际力量对比逐步趋向平衡"。世界上的所有国家都在把发展作为首先国策，力图在激烈的国际竞争中取得有利的战略态势，抢占发展先机。在这场竞争中，就如逆水行舟，不进则退。因此，需要在坚持科学发展主题上保持战略定力，增强发展自信，不惧任何风险，不受任何干扰，将科学发展作为第一要务，保持沉着冷静，才能够为全面建成小康，实现民族伟大复兴凝神聚力。

世界各国都在积极强化创新发展部署，如美国再工业战略、德国工业4.0战略、低碳经济发展战略、新成长战略、高技术战略等应运而生，创新已成为各国之间的主赛场。“十三五”期间，我国首次将创新摆在国家发展全局的核心位置，在创新中引领中国，提出了《中国制造2025》、大数据、互联网+等网络强国战略。在协调中优化资源，在原有“四大板块”的基础上，提出了“一带一路”、京津冀协同发展、长江经济带建设“三大发展战略”。在绿色中实现可持续，积极倡导并有效实行绿色发展战略，为全球生态安全作出新贡献。在开放中合作共赢。通过“一带一路”“亚投行”、中欧、中国—东盟等载体寻求主动开放，双向开放和资本开放。在共享中普惠人民，实施脱贫攻坚工程，在网络、交通、文化、教育、就业、医疗、环境等方面实现人人共享。科学发展就是要在机遇中厚植发展优势，立足创新，寻求突破，才能确保经济高质量发展。

（二）这是由当前我国处于经济新常态的发展阶段决定的

“十三五”规划建议指出，我国发展的国际环境和国内条件面临新变化，经济长期向好的基本面没有改变，但也面临一些新的风险和挑战，新常态下我国经济发展正呈现出增速换挡、结构调整、动力转换“三期叠加”的新特征。一是经济增速出现双中高换挡的新变化。经过30多年高速增长，劳动力要素首次于2012年出现劳动力数量和占总人口的比重双降，人口老龄化加快，人口红利正逐渐消失，使得人口结构和劳动力供给难以长期支撑高速增长。资源环境和人民对生态环境的强烈渴望，使得经济增速要与劳动力供给、生态环境改善相协调。二是结构调整出现供给侧改革的新变化。长期以来，我国依靠“出口、投资、消费”三驾马车拉动经济，呈现出良好的效果。但随着经济的发展，经济主要矛盾正在发生变化，中国消费品正呈现出供需错位的结构性失衡，低端产能过剩需求不足，服务业、高端制造业、中西部和农村地区基础设施供给不足，供需错位的结构性失衡问题将通过供给侧改革得以优化调整。三是增长动力发生新变化。随着新一轮科技革命和产业革命浪潮的到来，新兴产业将是我国经济发展的新动力。科学发展就是要解决新常态下面临的新问题，化解矛盾，才能确保经济高效率发展。

(三) 这是由我国当前经济发展中存在的问题决定的

改革开放30多年来，我国已经取得了举世瞩目的伟大成就，创造了众多的“中国奇迹”，诸如高铁等诸多产品已然领跑世界。发展理念上也有原来的赶超发达国家向积极参与国家事务、主动承担国际责任、共建话语体系的方向转变，大国形象和影响力逐渐提高。但我们也更应该清醒地意识到，我国仍处于社会主义初级阶段的基本国情，人民日益增长的物质文化需要同落后的社会生产之间的矛盾没有变，国际地位上依旧是世界上最大的发展中国家。面对“十三五”全面建成小康社会的决胜阶段，我国经济依旧是总量大、人均小；劳动生产率低，就业问题突出；城乡差距拉大；人均公共产品供给不足；常住人口城镇化率不高；仍有7000多万贫困人口尚未脱贫等主要问题没能解决，科学发展就是要在差距中补齐短板，才能确保经济公平发展。一直以来，我们延续着旧的发展观念，过度重视GDP增长率，以牺牲环境为代价，“盲目铺摊子、上项目”“新官不理旧账”等突出问题严重。科学发展就是要打破旧的发展观念，树立正确的政绩考核官，把各级领导干部从为GDP及增长率排位纠结中解放出来，从创造“形象工程”“政绩工程”中解放出来，从过度干预经济中解放出来。山东在全国制度规范约束的基础上，建立探索一套适合科学发展的考核制度，促使经济可持续发展。

二、“十三五”时期山东科学发展的现状

改革开放以来，山东发展取得显著成效，但不平衡不协调不可持续发展问题依然突出。具体表现在：

(一) 经济结构性矛盾比较突出

经济结构是经济系统中各个要素之间互相关联、互相结合的数量对比关系。从山东经济发展的实践来看，无论是需求结构、产业结构、收入增长及分

配结构等都存在着一系列深层次的矛盾和失衡问题。

（二）科技创新能力不强

“十三五”规划中指出，科学发展要以五大发展理念为引领，将创新放到首位。就山东而言，与国内先进省市相比，山东在科技创新方面存在明显差距，如关键技术自给率低，研发投入强度不够，产学研结合有待加强，人才瓶颈突出，远落后于京、沪、苏、浙、粤等沿海较发达省市。科技创新能力不强，将会制约产业的创新驱动、智能转型、基础强化、绿色发展，从而失去区域的核心竞争力。

（三）高端制造业尚未形成气候

山东的制造业发展门类齐全、规模巨大、效益良好，是全省经济的重要支柱，在全国工业经济体系中也占有重要地位。2013 年末，山东拥有规模以上制造业企业家数与资产总计均位居全国第三，利润总额居全国第一，利税总额居全国第二，在国家重点监测的 140 种主要工业产品中有 100 余种产量位居全国前三位，其中 40 余种产量位居第一位。我省装备制造业主营业务收入位居江苏、广东之后，居全国第三位。其中，高端装备制造业（不含电子信息）共有规模以上企业 2600 家，2013 年营业收入、利税、利润占全省装备工业的比重分别为 23.4%、23.9%、23.7%，占全国高端装备的比重分别为 13%、14.0% 和 14.4%，列江苏之后居第二位。但是山东制造业长期存在着产业层次较低，产业链条短、产业集合度较低，过度依赖资源与劳动力等问题，受到国内外市场需求变化、国际产业发展格局调整等多种因素影响，山东制造业的发展遇到了产能过剩、资源环境约束、劳动力价格上升等多重挑战，“互联网 +”制造业为山东现代制造业向高端转型发展提供了很好的机遇。

（四）经济结构失衡，产能过剩严重

从山东经济发展的实践来看，无论是需求结构、产业结构、收入增长及分配等都存在着一系列深层次的矛盾和失衡问题。产业结构占据“半壁江山”，层次偏低，偏工偏重问题持续存在。收入增长及分配问题特别突出，收入总水平增长有限。最终消费对经济增长的贡献率一直在 40% ~50% 之间徘徊，收入增长乏力，最终消费对经济增长的贡献率有限。因此迫切需要通过创新、区域合作来化解产能过程，培育高端产业。

（五）资源环境约束趋紧，生态引领经济发展的价值尚未显现

山东资源短缺日趋突出，节能减排任务依旧很重，环境污染依然突出，环境安全防控形势严峻，经济发展与资源、环境之间的矛盾依然十分尖锐，迫切需要生态引领产业革命和特色城镇化建设，优化产业布局。

三、“十三五”时期山东科学发展的主要举措

“十三五”时期，山东要秉承科学发展原则，践行五大发展理念，立足实际、敢于担当、勇于突破，率先全面建成小康。

（一）以高端制造为突破口，将山东打造为中国“工业4.0”的引领者

质量竞争力是经济新常态以及未来区域竞争力的重要决定因素，现代制造业的质量竞争力主要体现在诸如标准、完美、精准、守序、专注、实用和信用等核心文化形成的制造业精神。山东制造业发达，特别是机械装备制造业向来有其发展的优势，但探究原因多数从发展阶段、产业链方面去找寻，却轻言了山东本身拥有发展制造业的历史文化基础和山东人严谨而略显保守的精神气质，中国制造2025战略的实施将是山东实施创新驱动的重要机遇和载体。

1. 山东要深入挖掘制造业精神气质，做中国“工业4.0”的引领者

一直以来，山东经济稳居全国第三位，经济发展全面但不突出，经济一直呈现五脏俱全、温而不火的发展状态。目前，世界上已经形成了创新美国、制造德国、商业以色列等影响力强的品牌，国内市场发达的广东、商业魅力的浙江、创新赶超的江苏、生态旅游见长的四川也日益深入人心，但山东尚未形成代表影响力的品牌。这种全而不精的发展模式，只能走在别人的后面亦步亦趋。山东应该转变发展理念，以高端制造业为突破口，从战略的高度进行顶层设计，开启高端制造领域的新时代。

2. 以“互联网+”协同制造为依托，塑造“山东智造”网络体系

随着制造业和信息业的高度融合，价值链变的更加复杂，工业化时代的“微笑曲线”将转向互联网时代的全程协同，“互联网+”将推动生产制造模

式变革、产业组织创新、产业结构升级，智能制造成为新型生产方式、企业组织将网络化和扁平化、制造业服务化趋势明显，服务产品更加个性化、柔性化，企业、客户及各利益方互助式参与价值创造、价值传递、价值实现等环节。山东要培育基于互联网的大规模个性化定制、云制造等信息制造模式，推动形成基于消费需求的研发、制造、服务新方式；鼓励大型制造业企业积极进行产业链重组，将制造业剥离出去，逐渐将企业的经营重心转向诸如提供流程控制、产品研发、市场营销、客户管理、品牌维护、现代物流等高端制造服务业；加强大数据、云计算为平台建设和培训推广，推进研发设计、数据管理、工程服务等制造资源的开放共享，全方位塑造“山东智造”体系。

3. 强化科技和人才支撑，形成科技创新新优势

深入实施科教兴鲁战略和人才强省战略，加快创新型省份建设，加强人才培养和引进，增强自主创新能力，促进经济发展由主要依靠增加物质资源消耗向主要依靠科技进步、劳动者素质提高、管理创新转变，从要素驱动型增长向创新驱动型增长转型，建立依靠科技进步和创新来驱动经济发展的新模式，努力形成科技发展新优势。

（二）培育新兴增长空间，促进山东协调发展

要真正弥合区域发展水平的差异，不是几年，甚至几十年能完成的。重点区域带动有利于板块内区域一体化发展，但由于资源禀赋差异，市场分割等原因，真正实现市场一体化和要素的自由流动，还需要从整体上破解阻碍区域融合发展的各种深层障碍，积极发展新空间，培育发展新动力，破解阻碍区域融合发展的各种深层障碍，缩小差距，促进区域协调发展。

“十三五”时期，山东要科学合理培育、优化、整合经济发展中的增长极空间、轴线空间、集群式空间、特色空间。（1）壮大济南、青岛、临沂区域中心城市的建设。依据优势互补的原则，进行正确合理的功能定位，尽快膨胀城市规模，强化空间职能，将其培育成高端服务业发达、集聚创新能力高、社会治理能力强的大城市。（2）沿胶济铁路、沿京沪高铁和沿海一横二轴“H”结构的形成是对山东原有“T”型或“个”型轴线的空间优化，积极引导产业向胶济铁路沿线、沿海线和京沪高铁沿线优化布局。（3）继续推进“两区一

圈一带”建设。目前，这四大区域仍以特色产业集聚区的形式来推动，而引领未来区域经济发展转型的次级都市圈远没有形成。未来，要发挥同城效应，实现每个产业经济集聚区的同城发展。（4）支持绿色空间、智慧空间、森林空间、蓝色空间、网络空间、基础设施建设空间，从整体的构筑均衡协调多中心集群式的区域发展新格局。

（三）以生态城镇化为载体，塑造魅力山东建设

城镇化是经济发展的空间载体，绿色革命引领的发展范式正悄然到来，城镇化建设已进入以“经济优先”转向“生态优先”的新时代。（1）发展理念上，倡导“理性增长”，探求资源约束下城镇化发展的空间利用效率，通过科学确定城市增长边界，提高土地的集约利用效率；构建生态产业体系，打造良好的产业生态系统；破除等级分明的城镇体系，形成动态均衡的网络城镇化空间结构；将自然资源、生态环境和人文元素等都融入城镇发展，实现城镇化发展的生态均衡。（2）发展内容上，以城镇总体生态环境、产业结构、社区建设、消费方式的优化转型为出发点和归宿，以和谐、宜居、低碳为目标，全面建设绿色环境、绿色经济、绿色社会、绿色消费的特色鲜明的生态城镇，谋求山东经济的可持续发展之路。（3）推进城镇化制度改革创新。提高人的素质，树立真正的“中国市民”观。加快土地制度改革。在坚守耕地红线的基础上，通过提高农村征地补偿标准、开展“宅基地换房”试点、土地入股等方式，维护农民权益。加快户籍制度改革。有序地推进农业转移人口市民化，提高基本公共服务均等化水平，实现城镇基本公共服务常住人口全覆盖。拓展投融资渠道。协调运作财政资金与金融资本、社会资本，加快建立多元化的城镇建设投融资新机制。

（四）以深度开放的姿态，寻求区域间多样化合作

加强区域间的对外合作、区际合作和邻边合作，尤其是随着中日韩自由贸易区、环渤海经济区和“一带一路”的深入推进，使区域要素在全球范围内实现产能的重新配置或转移，通过区域合作化解产能过剩，促进各区域融合发展、错位发展、一体化发展，真正实现山东“腾笼换鸟，凤凰涅槃”。（1）打破跨越行政区域限制，积极融入环渤海经济区建设。充分借助京津冀协同发展

的国家战略，承接京津地区产业、科技和人才转移；探索港口建设合作模式，逐渐实现铁路、公路等交通基础设施互联互通，淡水、电力、煤炭等资源要素共享共用，实现错位共赢发展。（2）抓住中韩自贸区先机，打造鲁韩经贸桥头堡。（3）加强与德国的全方位合作。山东有着很多类似德国文化的特质，早在19世纪初占领山东之前30年德国地理学家就一直对两个地域做过重要的研究，诸如分散均衡化的城市发展格局和风貌，制造业相对发达，严谨而略显保守的精神气质。德国是山东在欧盟的第一大贸易伙伴，行业涉及机械、汽车零部件、化工、电力设备、食品、零售等行业。山东要抓住与德国合作的前期基础，开展广泛的交流与合作，共同推动“工业4.0”建设。（4）加强与新加坡以及印尼、菲律宾、泰国、马来西亚、文莱等中国—东盟的双向投资合作。

（五）发展分享经济，推进网络强省建设

加强信息基础设施建设，推进数据开放共享，释放大数据红利；推动“互联网+”应用创新，用互联网思维改造传统产业；依靠民间资源服务与公共利益，建立“需求数据化”，构建“互联网+”和“大数据+”的新型民生工程体系；打造大数据平台建设，提高政府治理能力现代化。

（原载《山东社会科学报道》2015年12月25日第7期）

找准关键突破口　全面深化经济体制改革

刘晓宁

改革开放30多年来，中国在各项领域取得了巨大成就。但是，随着经济社会的快速发展，国际格局的不断调整，经济全球化的进一步深化，中国经济发展面临很多新矛盾和新问题。为此，党的十八届三中全会提出全面深化改革的总目标，十八届五中全会再次强调了这一重大战略部署。可以说，全面深化改革是决定当代中国命运的关键，而经济体制改革是全面深化改革的核心。深化经济体制改革，应紧紧围绕使市场在资源配置中起决定性作用这条主线，在若干重要领域和关键环节改革上找准突破口，不断增强微观主体活力，推动形成新的经济发展方式。

一、以现代市场体系建设为突破口，切实提高资源配置效率

经济体制改革的核心问题是处理好政府和市场的关系，而统一开放、竞争有序的市场体系是使市场在资源配置中起决定性作用的必然要求。因此，建立和完善现代市场体系是当前和今后一段时期我国经济体制改革的突出重点。一是打造公开透明的市场规则。实行统一的市场准入制度，探索法无禁止皆可为的“负面清单”管理模式，为各类企业提供平等、便利的市场准入机会；深入推进工商注册制度便利化改革，削减资质认定项目，激发投资创业的活力。二是加快要素市场体系建设。积极推进水、电、天然气等资源品价格改革，完善主要由市场决定价格的机制；健全劳动就业市场，积极推动农民工、编制外用工、劳务派遣用工同工同酬；以建立城乡统一的建设用地市场为重点，推进

土地市场改革发展，逐步建立公开、公平、公正、开放的土地交易市场；允许具备条件的民间资本依法发起设立中小型银行等金融机构，推进政策性金融机构改革，健全多层次资本市场体系；深化科技体制改革，健全技术创新市场导向机制，建立技术成果交易平台，推进科技成果转移转化。

二、以深化行政体制改革为突破口，进一步转变政府职能

要完善现代市场体系，就必须建设能够为市场提供有效服务和科学管理的高效政府，而简政放权、深化行政体制改革是转变政府职能的重要突破口。一是进一步明确政府的权力和责任。通过出台法无授权不可为的“权力清单”、法有规定必须为的“责任清单”，明确政府的权力和责任，以更好发挥政府作用。二是深化行政审批制度改革。抓好已削减、下放行政审批事项的落实，同时继续缩减行政审批事项，全面清理非行政许可审批事项，进一步向市场、社会和基层放权，不断释放市场主体发展活力。三是健全放管结合的体制机制。针对当前简政放权过程中出现的事中事后监管不到位现象，应强化放管结合，加快制定和完善各领域、各环节的监管制度，进一步完善监管机制，维护市场正常运行秩序。四是加快建立统一、规范、标准的政务服务平台。对现有的各级行政服务中心进行规范优化，整合电子政务资源，推进行政审批、社会事务网上办理，打造管理规范、办事公开、运行高效的综合政务服务体系。

三、以深化国企改革为突破口，增强国有经济活力和竞争力

国有企业是推进国家现代化、保障人民共同利益的重要力量，必须适应市场化、国际化新形势，以规范经营决策、资产保值增值、公平参与竞争、提高企业效率、承担社会责任为重点，进一步深化国有企业改革。一是加快建立现代企业制度。按照《公司法》要求，建立健全股东会、董事会、监事会和经理层，完善公司法人治理结构；探索实行职业经理人制度，增加国有企业管理

人员市场化招聘比例，逐步对企业经理层人员实行契约化管理。二是加快推进国有企业产权多元化改革。积极发展混合所有制经济，鼓励国有资本、集体资本、非公有资本等交叉持股、融合发展；拓宽发展混合所有制经济的路径，积极推动企业整体上市或主营业务整体上市，探索推进混合所有制企业员工持股，鼓励和吸引非国有资本参与国有企业投资项目。三是调整优化国有资本布局结构。积极推动国有资本向重大基础设施、重要矿产资源、提供重要公共产品和服务的行业集中，向具有竞争优势的领域和未来可能形成主导产业的领域集中，有序退出不具备竞争优势的行业和领域。四是建立以管资本为主的国有资产监管模式。组建国有资本投资运营公司，形成国资监管机构——国有资本投资运营公司——国有出资企业三层管理架构。

四、以深化财税体制改革为突破口，加快建立现代财税制度

科学的财税体制是优化资源配置、维护市场统一、促进公平公正、实现社会稳定的重要制度保障。应按照法治、分权、透明、公平和效率的基本原则，有序推进预算管理制度、公共财政支出管理制度和税收制度改革。一是深化预算管理改革。重点从扩大预决算公开范围、细化预决算公开内容、延长预算编制周期等方面深化预算管理改革；针对当前公共财政预算、政府性基金预算、社保基金预算和国有资本经营预算四类预算单轨运行的现实格局，应逐步将所有政府性收入纳入预算管理，实行全口径预算管理。二是深化财政支出管理改革。财政支出应进一步向民生领域倾斜，完善公共服务支出保障机制，提高民生福利性支出投入规模及其比重；压减一般行政性支出和经济建设性支出，加快财政资金退出一般竞争性领域步伐，进一步从源头上规范公务支出。三是深化税制改革。扎实推进“营改增”试点，将“营改增”范围逐步扩大到生活服务业、建筑业、房地产业、金融业等领域；积极推进清费立税改革，进一步压减行政事业性收费和政府性基金项目；加快清理规范财税优惠政策，加强对税收等优惠政策的制度化、规范化、程序化管理。

五、以推进城乡一体化改革为突破口，促进城乡协调发展

城乡二元结构是制约城乡发展一体化的主要障碍。应通过体制机制改革打破城乡二元结构，形成农业现代化和新型城镇化共同推进、城乡协调发展的新局面。一是继续深化农村产权制度改革。深化征地制度改革，提高农民在土地增值收益中的分配比例；积极争取农村集体经营性建设用地入市改革试点，探索完善其产权制度；开展农村宅基地制度改革试点，完善农户宅基地权益保障方式，稳妥开展农民住房财产权抵押、担保、转让。二是加快构建新型农业经营体系。允许农民以土地承包经营权入股发展农业产业化经营，鼓励农民土地承包经营权有序流转；加快培育农民专业合作社、家庭农场等新型生产经营主体。三是探索建立城乡互动发展机制。开展城乡建设用地增减挂钩和工矿废弃地复垦利用试点，推进节余指标有偿调剂使用；统筹推进城乡基础设施建设，推进城乡基本公共服务均等化。四是积极开展新型城镇化改革试点。积极探索建立农业转移人口市民化成本分担机制、多元化可持续的城镇化投融资机制，完善城市公共服务机制，创新农村新型社区建设模式。

六、以推进投资贸易便利化为突破口，构建开放型经济新体制

面对对外开放新阶段的新特点、开放型经济发展的新常态，应以推进投资贸易便利化为核心，加快构建开放型经济新体制。一是加快外商投资管理体制创新。进一步简化外商投资审批、核准程序，下放外商投资项目管理权限。推广上海、广东、福建、天津等地自贸试验区经验，探索外商投资准入前国民待遇加负面清单管理模式，打造与国际接轨的营商环境；放宽外商投资准入，扩大金融、教育、文化、医疗等服务业领域对外开放，积极引进育幼养老、建筑设计、会计审计、商贸物流、电子商务等服务业态。二是创新对外投资管理体制。确立企业及个人对外投资的主体地位，实行以备案管理为主的对外投资管

理体制，在外汇管理、金融服务、货物进出口、人员出入境等方面最大限度地放宽限制。三是提高贸易便利化水平。探索建立国际贸易“单一窗口”管理制度，建立跨部门综合管理服务平台，提升政府部门监管效能，降低贸易企业营运成本；深化区域通关改革，全面推进“三个一”关检合作，实行“一次申报、一次查验、一次放行”，提高通关效率；完善出口退税政策，简化出口退税手续，提高外贸企业扩大出口积极性。

（原载《山东社会科学报道》2015 年 12 月 25 日第 7 期）

深化改革视野下
政府干预与市场机制的界定

王向阳

十八届三中全会以来，以习近平同志为总书记的党中央，特别重视各领域的改革问题，为此成立了全面深化改革领导小组。围绕党的十八大提出的经济、政治、文化、社会和生态文明建设“五位一体”布局，以坚定的改革决心和自信、巨大的政治勇气和政治智慧，带领全国人民不失时机地推进中国特色社会主义的现代化进程。

“完善和发展中国特色社会主义制度”是改革的根本方向。中国30多年改革开放和现代化建设的成果，标志着中国特色社会主义制度基本形成，下一步要坚持、完善和发展中国特色社会主义，根本路径是“推进国家治理体系和治理能力现代化”。30多年的改革开放实践充分说明，只有坚持完善和发展中国特色社会主义制度，中国才能实现现代化；只有适应国家现代化总进程，不断提高国家治理体系和治理能力现代化水平，才能妥善应对和解决现代化进程中出现的各种矛盾问题，确保全面建成小康社会、不断夺取中国特色社会主义新胜利。

国家治理体系和治理能力现代化，普遍遇到的一个核心问题是如何处理政府干预与市场机制的关系，这个问题也是全面深化改革的重点问题。

一、市场机制和政府干预关系的由来

市场机制和政府干预是国家体制的衍生品。市场机制和政府干预的概念最初形成时，市场机制是以私有制为基础的，资本主义的经济体制是市场机制存在的条件；而政府干预大多被认为是与计划经济体制相联系的。

这种看法在经济学家们的头脑里一直持续了多年，虽然现在人们不再把市场机制看成是资本主义经济体制所特有的，也不再把政府干预看成是社会主义经济体制所特有的，但是，不论是资本主义国家在20世纪30年代的大危机后主张政府干预，还是社会主义国家近几十年引入市场机制，都是经济体制改革的结果，市场机制和政府干预都不可避免带有体制的烙印，或者说，二者是国家体制的衍生物。

当市场可以充分发挥作用时，资源配置是有效率的。市场机制可以把有限的或者说稀缺的资源配置到最需要的地方，即配置到稀缺程度最大的产品的生产上，从而使资源得到最有效的利用，满足社会生产和消费的需求，这是市场机制的优势；同样，在一定条件下，政府干预对维护市场秩序是十分必要的，当政府引导经济得当，就会在不同的产业部门之间、各种社会关系之间、短期目标与长期目标之间、总量平衡与结构平衡之间等方面产生协调作用。

市场机制和政府干预作为两种经济手段，也有自身的缺陷。当经济社会中存在市场势力、公共物品、外部性和不完全信息时，市场会失灵，这可以看作是市场机制的缺陷；同样，政府根据全社会的利益干预经济，由于存在公共决策的投票悖论、搭便车等现象，也会导致政府干预的失灵，这是政府干预所必须付出的代价。

亚当·斯密在他的《国富论》一书中指出，除了促进国家间的自由贸易外，政府的角色应大幅度地削减。亚当·斯密认为，“统治者的责任”，也就是政府的角色应是如下所述：首先，保护社会免受其他社会的暴力与侵犯的职责。其次，尽可能地保护每一个社会成员免受社会中其他成员的不公平对待和压迫的职责。最后，建立并维护某种公共事务和公共机构的职责，此种建立和维护从来不是为了任何人或者少数人的利益。除了这些最低限度的职能外，亚当·斯密认为政府的理想角色就是尽可能地远离经济生活之外，市场进程本身比政府干预能产生更好的整体效果，其观点时至今日仍持续产生根本性的影响。

二、全面深化改革中市场机制的定位

党的十四大确立了社会主义市场经济体制，在很大程度上突破了计划与市场关系的束缚，走上市场化道路，使改革开放呈现出“柳暗花明”的前景。当时提出改革的核心理念，是市场在国家宏观调控下对资源配置起基础性作用。十八届三中全会认为，目前社会主义市场经济体制已经初步建立，应该在完善这个体制上迈出新步伐，其突破点就是对市场的作用从理论上作出新的表述。把市场在资源配置中的“基础性作用”改为“决定性作用”，这意味着凡是市场能做到的，政府就不要干预，让市场的正能量发挥到最大化，从而把经济和社会的活力解放出来，激发起来。

很多学者认为中国能够创造经济奇迹的根本原因在于中国独特的经济和政治体制：政府主导型经济模式能够集中力量办大事。但是，如果将中国经济三十年来的持续高速增长归因于中国独特的经济和政治体制，不免有失偏颇，实质上中国之所以能够创造经济奇迹主要是要归功于三十年来所进行的市场化改革，归功于市场在资源配置中起了基础性作用，促进了各个市场主体的公平竞争，市场经济激发了企业的创造力，激发了人们创造财富的欲望。正是由于市场化改革和企业的发展壮大，中国经济保持了三十多年的快速增长，当然在任何一个国家，政府也是市场经济的参与者，政府对市场经济的干预或强或弱，在任何一个国家，市场由于自身的缺陷都会产生市场失灵，这就需要政府对经济进行干预，使经济平稳持续增长，当然，如果没有政府有效率的干预，要实现经济稳定发展也几乎不可能。

就中国目前的市场经济而言，政府过度的强大或已成为中国经济进一步发展的最大阻力，市场失灵是主张实行政府干预经济的强有力理由，市场失灵产生了政府干预的必要性，但政府干预的必要性并不能保证政府行为的合理性和干预的有效性，市场机制不能解决的问题，政府不一定都能解决，可能解决得好，也可能解决得不好，甚至很差，所以说政府失灵则是实行更为彻底的市场经济的基本依据。政府干预产生的寻租和腐败与政府控制着过多的资源是密不可分的，在现代市场经济国家中，政府失灵是一种普遍现象，这意味着市场失灵并不必然导致政府干预的合理性，即市场本身的缺陷并不是把问题交给政府去处理的充分条件。

三、全面深化改革中政府职能的定位

受传统的计划经济体制的影响，目前政府的职能还没有明确的界定，政府的定位还不明晰，政府还处在越位、错位、缺位之中。对于市场经济下政府的职能问题，争论的焦点在于政府到底应该干预什么，不应该干预什么。

第一，需要合理界定政府的核心职能。政府职能界定不清会导致政府的越位、错位、缺位，所谓越位，是指干预了相当一部分不该管的，也管不好的事情，一些本该由市场来承担的职能，应该由企业自主决定的事情，应该由社会中介组织管理的职能，政府采用行政手段直接干预，甚至包办代替。政府职能的错位，是指政府部门对于自己该干预的事情，却没有能力去管好。政府职能的缺位，是指政府部门没有认真履行自己的职责，对市场缺陷弥补不及时。公共服务、分配、就业、环保等属于本部门的事务，没有处理好。

第二，建立法治政府，政府干预必须有法律依据。法治政府能防止政府的干预冲动，市场经济是法治经济，需要用法律来保护产权，同时也要把政府权力关在制度的笼子里，要依靠宪法和法律，要把宪法和法律作为政府的工作准则。

第三，提高政府干预和治理能力的现代化。传统的政府干预和治理模式主要是政府管理，是政府管社会、管老百姓。用管子的话说，就叫“牧民”。这种政府治理实质上是一种自上而下的管理，上级政府管理下级政府，基层政府管理百姓。政府是管理主体，百姓是管理客体，是被管理者，属于“统治型”治理模式。而现代化政府治理是比政府管理层次更高、范围更大的一个范畴，它是基于民主、法制和市场原则的政府主导、全社会共同参与的“服务型”治理模式。

（原载《山东社会科学报道》2015 年 12 月 25 日第 7 期）

以法治引领保障全面建成小康社会

——"十三五"时期山东法治建设的重点和思路

谢桂山

"十三五"时期是全面建成小康社会的决胜阶段。山东作为经济文化大省，一方面必须充分发挥法治的引领和规范作用，抓住山东法治建设的重点和难点，实现如期全面建成小康社会的目标。另一方面必须加快推进法治山东建设，将法治之治国理政的基本方式融入全面建成小康社会之中，成为全面建成小康社会的制度保障和重要内涵。

一、"十三五"时期山东法治建设的重点

（一）加强依法治省的规划设计，建构省级法治建设的高端智库

一是按照"四个全面"的战略部署，进一步强化对法治山东建设的领导、协调和规划，建立健全依法治省、推进建设法治山东的领导协调机制，统筹谋划确保如期全面建成小康社会的经济建设、政治建设、文化建设、社会建设、生态文明建设和党的建设，以法治建设保障"五大发展"的推进；二是根据建立社会主义新型智库的要求，积极探索新型智库的组织形式和管理形式，打造省级法治建设的高端智库，推进地方治理和基层治理的现代化和法治化；三是加强对地方、区域和领域法治建设的领导、规划、设计，把依法治国基本方略全面高效地落到实处。

（二）加快依法治省的经济法律制度建设，创立文明的市场法治环境

根据创新发展、协调发展、绿色发展、开放发展、共享发展要求，将法治

建设要素分解到各领域。一是以保护产权、维护契约、统一市场、平等交换、公平竞争、有效监管为基本导向，完善社会主义市场经济法律制度，形成更加完备的市场经济法律体系；二是建立健全产权、投融资、分配、人才引进的体制机制，完善相关的法律制度建设；三是完善财政、税收、金融、证券、保险等领域的法律制度建设，实现改革于法有据、制度建设符合省情；四是构建更加严密的市场经济执法体系，打造更加公正的市场经济司法体系，培育更加文明的市场经济法治环境。

（三）激活我省法治资源优势，打造“法治山东”建设品牌

一是以传承弘扬传统齐鲁文化与红色文化为根基，建设社会主义法治文化，倡导传统文化与现代文明共生的法治文明；二是加强“法治”与“德治”的结合，“以法治体现道德理念、强化法律对道德建设的促进作用，以道德滋养法治精神、强化道德对法治文化的支撑作用，实现法律和道德相辅相成、法治和德治相得益彰”，打造“法治山东”建设品牌的核心内容，体现山东法治建设特色。

（四）深入推进山东地方和区域法治建设，实现基层治理法治化

一是要把全面推进依法治国的顶层设计与我省的市、县（区）、乡镇、部门、行业等具体实施相结合，自上而下发动与自下而上实施相结合；二是加强依法治国举措在山东各地的实践，积极推进“法治山东”各级创建活动，建构“地方和区域法治建设”行动机制和实施制度；三是调动山东各地推进法治建设的积极性，激发基层和地方法治建设的内在活力，把依法治省部署变成地方、区域和基层的自觉行动，实现地方、基层、区域治理的制度化和法治化。

（五）推进政府职能转变与加快行政体制改革

加快建设职能科学、权责法定、执法严明、公开公正、廉洁高效、守法诚信的法治政府，是党的十八届四中全会提出的重要目标。加快建设法治政府，“推行政府权力清单制度，坚决消除权力设租寻租空间”，是实现全面转变政府职能的重要措施。“十三五”时期必须做到以下几点：一是依法设定权力、行使权力、制约权力、监督权力，依法调控和治理经济，推行综合执法，实现

政府活动全面纳入法治轨道。依法行政是建立法治政府的路径，法治政府是依法行政的目标，依法行政将成为中国法治建设的重点；二是以公共利益保障和公共服务提供的效率与公正为基本标准，厘清政府、市场和社会之间的关系，以市场为导向促进政府职能转变，推进省域社会治理的权责明晰、规范有序；三是以法治方式深化行政体制改革，进一步简政放权、放管结合、优化服务，提高政府效能，激发市场活力；四是理顺、规范各级政府职能划分与事权配置，实现省级以下政府权力的差异化配置，满足层级治理的多样化需求。

（六）科学配置立法资源，完善政府立法的公众参与机制

一是针对我省“十三五”时期重点建设领域，如海洋生态文明、自贸区建设、“两区一圈一带”区域战略等进行重点立法；二是《立法法》修订后，我省 17 个设区的市拥有地方立法权，但除济南、青岛和淄博之外，其他分批获得地方立法权的 14 个地级市，均无地方立法经验，相关立法资源如机构、人员、经费等保障不足，亟待各地在立法内容、方式上探索地方模式，形成“山东特色”；三是加强设区市的立法资源配置，探索公众参与立法的机制、方式、途径，实现科学立法、民主立法的目的；四是省人大和省政府法制部门应通过人员培训、资金配备、规划指导等，提高设区的市立法工作能力，保障地方立法的层次性、针对性。

（七）创新司法改革试点工作，探索社会矛盾法治化解机制

司法体制改革是全面深化改革的重要领域和重要内容，“十三五”时期必须强化司法作为人民权利保障和国家公权监督者的作用，使之成为依法治国事业发展的重要推动力量。一是司法体制改革试点应着力于法律基础上的制度创新，做到顶层设计与地方实践相结合，处理好现行法律与改革试验的关系，总结试点经验并科学评估，为适时推广做制度预备；二是尊重司法规律，促进司法公正，完善对权利的司法保障、对权力的司法监督；三是坚持以法治方式化解社会矛盾，既要维护公民合法权益，又不能迁就、容忍违法诉求和助长法外利益获取，将社会问题纳入法治框架解决。

（八）优化社会法治环境，建构回应民生需求的法治模式

一是将“法治山东”建设与公民个人利益结合，法治宣传教育由法律知

识普及向法治意识培养转型；二是以法治方式维护公民合法权益，强化改善民生的法治保障，解决公众关注的民生问题，创设回应民生诉求的制度路径，以民生促法治，创建符合民生诉求的社会法治环境，增强社会公众对“法治山东”建设的普遍认同。

（九）推进法治建设的制度完善与创新，加强重点领域的法治建设

将“法治山东”建设置于全面深化改革的时代背景下，以深化改革促进法治建设、以法治建设巩固改革成果，使法治建设与全面深化改革以及“十三五”时期各项事业发展相协调：一方面要对各项改革事业作出法治评估，检验其改革依据、运行程序、资源配置等是否符合法治要求，另一方面要根据改革需要和“十三五”时期各项事业发展趋势进行法治完善与创新，强化区域发展战略的配套法治保障等。

二、山东法治建设的基本思路

为了保证法治建设工作的衔接，如期全面实现小康社会，山东近期的法治建设的主要任务如下：

（一）推进科学立法、民主立法，提高地方立法质量

一是针对目前有迫切需要的城市管理、环境保护和社会保障等领域，要进一步加快地方制度建设的步伐，使我省的相关工作早日实现有制度可以参考依循；二是重视设区市的地方立法的协调性，提高立法技术，突出地方特色，依据国家已经出台的相关法律法规，深入开展基层和相关领域调查研究，加强地方立法评估和论证，结合地方实际情况，出台具有更强针对性和适用性的细化规则，进一步提高立法质量；三是建立健全在立法过程中的有关部门、专家学者、相关利益群体和人民群众充分参与的保障制度，充分吸收有益的意见建议，协调平衡社会各方利益，使立法的民主化贯穿制度形成过程；四是根据社会发展的新情况和新趋势，及时对不适应现实需要的法律法规进行修改或废止，将规范清理工作常态化、制度化。

（二）坚持依法执政，依法行政，加强党和政府的自身建设

一是在坚持党对法治建设的领导的同时，要从制度和程序上理顺党与人大、政协、政府、司法机关等主体的关系，用制度约束权力，加强对权力运行的监督，坚决维护宪法和法律权威，以制度保障立法、行政、司法机关严格依法行使职权，使各项规范能够充分落实；二是在领导干部队伍中广泛开展法治理念教育，让知法守法、依法办事成为各级工作人员的行为准则，通过国家机关工作人员的带头示范作用，向社会彰显法治的意义和作用，以自上而下的方式，使法治观念影响群众，使群众对法治产生信任，进而信仰；三是进一步厘清政府和市场的关系，在简政放权的同时，既要尊重市场主体和市场活动的自由，避免行政权力过多干预经济运行，为经济引入更多活力，又要加强市场行为的监管，建设更有秩序的市场经济；四是做好基层组织建设，依托基层组织，依靠群众，将法治思维和法治方式贯彻在基层组织管理中，通过基层的有效工作，随时解决涉及群众切身利益的问题。通过基层党务公开、政务公开、吸纳群众参与基层民主决策等方式，鼓励广大人民群众共同投身于法治中国建设的工作当中，通过直观感受和亲身参与，调动人民群众的积极性，使法治建设真正深入人心。

（三）严格执法，确保法律实施

一是继续加强对行政执法主体的规范，严格控制行政监管事项，对执法权限进行改革和整合，使执法权限相对集中，协调处理各部门执法权限，推进跨部门、跨行业综合执法，避免多头执法、重复执法；二是规范行政执法程序，细化执法流程和执法标准，明确执法的步骤要求，改进执法方式，执法部门要严格按照权限和程序行使权力，严格控制行政自由裁量权的行使，规范行政执法活动，并主动接受群众及媒体的监督；三是对行政执法的主动检查和监督应当形成常态化机制，构建并完善行政执法检查的考评体系，完善行政执法争议处理机制，建立行政执法错案追究制度，通过主动的监督和改进执法工作，杜绝执法不作为或乱作为现象，防止行政权力滥用；四是着力提高行政执法人员的整体素质，加强行政执法队伍建设，使行政执法人员牢固树立起法律意识，尊重公民权利，严格遵照程序，牢记权责统一，继续加强执法队伍岗前培训、

持证上岗和资格认证制度，建立一支严格规范公正文明的执法队伍。

（四）建设公正高效权威的司法机关

一是着力提高司法人员的专业素质和道德素质，打造一支高水平的司法队伍，提高整体司法水平。加强对司法人员的法治信仰和法治理念的教育，使司法人员自觉遵循职业操守和良知，在每一个案件中都体现出司法的公平，坚决杜绝"人情案"和"金钱案"；二是有步骤、有计划地推进司法公开，使群众能够随时充分了解案件的审判情况，不仅能起到监督司法公正的作用，更能通过直观的方式感受司法的权威，以此提高审判质量，增进司法工作的影响力；三是对案件的审判工作不仅要追求法律效果，更要追求社会效果，充分考虑群众的需求，结合目前多发的矛盾纠纷类型，通过多种手段，着力化解矛盾纠纷，并要让群众充分了解案件的处理过程中所依据的情理法，做到案结事了；四是根据我省新型城镇化发展的情况，大力推广司法便民和司法援助工作，完善公共法律服务体系，结合目前新出现或多发的社会矛盾纠纷，通过多种渠道和手段，加大司法援助力度，采取灵活方式，在保证司法公正、程序合法的前提下，实现方便群众为目的，推行灵活审判方式方便群众及时解决纠纷，为经济建设和社会发展提供保障和助力。

（五）弘扬法治精神，树立法治信仰，建设法治社会

要建设法治社会，最根本的途径依然是要营造全民守法的环境，而这种环境的造就有赖于全民对法治的信仰。这种信仰首先来自于人民对法律的认可和信赖，方能以法律规范为基本准绳来规范自身行为。一是加强社会主义核心价值观建设，使法治观念深入人心，树立起公民的主体性意识和主观自发性。法治社会的根本问题在于如何使法治理念、法治信仰内化于人心。这要求国家不仅要通过立法、执法、司法工作强化规则意识、诚信意识、权利义务相统一意识、责任意识，还要多途径、全方位地进行价值观建设，使法治精神深入人心。二是开展多种形式的普法活动，广泛普及宪法法律知识，使法律规范以及法律规范所体现出的法治精神深入人心。普法宣传应当更加注重宣传效果，不追求形式多变，只求法治的要求和观念能够真正深入人心，使群众遇到困难或纠纷时能够主动自觉地求助于法律，以合法的途径解决问题，而非求助于权力

甚至关系；在法治的宣传教育中，要注意引导群众摒弃法律工具主义的观念。在法律的普及教育中，不仅要将法律作为维护公民权益的工具和武器进行推广，更要将其作为行为规范的地位和作用向群众普及，使群众能够更加自觉地尊重法律、遵守法律，乃至信仰法律。三是通过探索公民守法习惯的养成机制，观察法律规范在市民社会中的运行效果，结合我国固有的道德伦理和人际关系的情况，以理论研究反推更加合理制度的形成，再以更加具有实际效果、更加符合群众需要的规范来营造全民守法的社会环境，形成法治建设的良性循环。

（原载《山东社会科学报道》2015 年 12 月 25 日第 7 期）

新常态下“统筹国内国际两个大局”的新含义与新趋向

顾春太

在开放的条件下，一个国家的发展变化与国际形势紧密地联合在一起。通盘考虑国内形势与国际形势，从国际形势变化中寻找发展机遇、从国内优势转化中确立对外战略，历来是我们党制定正确的路线、方针和政策的基本方法。党的十八届五中全会不仅继续强调了统筹内外发展的重要性，还赋予了这一思想新的内涵。在《中共中央关于制定国民经济和社会发展的第十三个五年规划的建议》中，把坚持统筹国内国际两个大局，作为“十三五”时期如期实现全面建成小康社会奋斗目标、推动经济社会持续健康发展必须遵循的原则之一，为我国开放型经济发展指明了方向，揭示了未来我国深度参与国际经济合作的路径与发展趋向。

一、促进双向贸易和双向投资，完善内外互动的一体化生产网络

《中共中央关于制定国民经济和社会发展的第十三个五年规划的建议》指出：“必须坚持打开国门搞建设，既立足国内，充分运用我国资源、市场、制度等优势，又重视国内国际经济联动效应。”开放型经济的发展需要更好地利用两个市场、两种资源，共同提升我国的竞争优势。一是应进一步统筹对外贸易发展和经济结构调整，努力提升进出口贸易的溢出效益。积极推动加工贸易，促进加工贸易企业与本土经济之间的联系。鼓励加工贸易企业为本地企业进行生产配套，并通过加工贸易的发展带动本土企业开展对外贸易。支持新兴产业、现代服务业、高附加值产业对外贸易，利用国际市场扩大国内上述产业的发展空间，增

强其发展动力。结合山东产业结构调整的进展，重点支持集成电路制造设备、高档化纤设备、高性能数控机床等先进设备和重大装备关键件进口，努力提升进口贸易的经济效应。二是统筹对外投资和利用外资，推动我国产业链条向境外延伸，提升我国跨国公司在产业链条中的影响力。积极推动国际产能合作，以钢铁、有色、建材、铁路、电力、化工、轻纺、汽车、通信、工程机械、航空航天、船舶和海洋工程等行业为重点，推动企业对外合作进程，为我国企业提升技术、改进质量和提高服务水平、增强整体素质和核心竞争力创造条件。结合“一带一路”重大倡议的发展重点，吸引更高质量外资，积极扩大对海陆丝绸之路沿线国家的投资合作，将我国建设成国际产业流转的中转站，在持续地吸引先进产业和对外转移富余产业的过程中提升我国的产业结构。

二、实施更加主动的开放战略，构筑内外互利的自由贸易区网络

习近平总书记在中共中央政治局第十九次集体学习时强调指出：“加快实施自由贸易区战略，是适应经济全球化新趋势的客观要求，是全面深化改革、构建开放型经济新体制的必然选择，也是我国积极运筹对外关系、实现对外战略目标的重要手段。”通过自贸区网络的建设，可以倒逼和促进我国开放型经济体制完善的过程，可以为我国发展创造新的动力、开拓新的空间、并通过积极参与规则的制定，提升我国在国际社会的话语权和影响力，为我国对外开放创造更好的外部环境。大力推动与我国有关贸易合作伙伴的谈判进程、构建双边或多边自由贸易区（FTA）的同时，采取更加主动地开放战略，积极建设自由贸易试验区是我国在新时期构筑自由贸易区网络的典型特点，也是未来自贸区战略的重要发展方向。一是逐步构筑起立足东亚、辐射“一带一路”沿线国家、面向全球的高标准自由贸易区网络。截止2015年11月，东盟、韩国、新加坡、巴基斯坦、新西兰、智利、秘鲁、哥斯达黎加、冰岛和瑞士等11个国家已经与中国签署FTA协定。其中，对于尚未完成国内审批的自贸区协议，应加大外交沟通的力度，使上述谈判成果尽快落地。在“十三五”时期，还应以“一带一路”为重点，加快新的自贸区谈判的进程，特别是推动与挪威、斯里兰卡、以色列、印度、哥伦比

亚乃至欧盟等国家和地区的自由贸易区谈判。二是加快国内自由贸易试验区设立的进程。积极总结现有的上海、天津、福建、广东自由贸易试验区建设的经验，推广其可复制的经验，强化对重点对外开放地区和对外开放优势地区的指导，明确不同地区申报自由贸易试验区的定位、发展目标和任务，紧密结合“一带一路”和蓝色经济区等国家重大发展战略，加快自由贸易实验的建设步伐，构筑境内自由贸易试验区和境外双多边自由贸易区相互联系、相互配合、相互补充、相互促进的良好格局，共同提升我国的竞争优势和发展活力。

三、推动境内外园区转型升级，建设内外互补的开放型载体网络

境内经济园区和境外经济园区均是我国开放型经济的重要载体，是提升我国经济开放质量、化解经济发展风险的重要平台，是完善我国对外开放战略布局的重要方面。《中共中央关于制定国民经济和社会发展的第十三个五年规划的建议》指出，要“培育有全球影响力的先进制造业基地和经济区。提高边境经济合作区、跨境经济合作区发展水平”。构筑境内经济园区和境外经济园区，并促进二者的相互补充、相互配合的经济联系是新时期我国对外开放发展的重要任务。一是推动境内经济园区转型升级，使其成为我国统筹国内经济和国外经济发展的重要抓手。通过实施产业促进战略，大力加强本园区内企业之间的经济联系和分工协作。在充分调研分析的基础上，确立本园区的主导产业，积极引导园区内具有技术条件的其他企业围绕主导产业展开配套。进一步发挥园区内企业的溢出效应，推动园区内外企业间建立起紧密的联系。顺应网络经济条件的要求，进一步促进园区内生产网络与园区外生产网络的构建与互动，促进两大网络的融合。二是建立健全省内东西部园区间、省内经济园区与国外产业园区，特别是境外经贸合作区之间的互动与协调。通过优化省内园区协作政策，对省内园区之间联动发挥提供财政税收、用地指标、金融信贷、企业用水用电等方面的政策支持，鼓励具有合作潜力的园区之间建立协调机制，打破经济园区之间互不往来、竞争多于合作的局面。

（原载《山东社会科学报道》2015 年 12 月 25 日第 7 期）

实现“十三五”规划宏伟蓝图必须坚持党的领导

韩 冰

党的十八届五中全会通过的《中共中央关于制定国民经济和社会发展第十三个五年规划的建议》提出，如期实现全面建成小康社会奋斗目标，必须坚持党的领导。坚持党的领导是中国特色社会主义制度的最大优势，是实现我国经济社会持续健康发展的根本政治保证。深刻理解和把握这一基本原则的精神实质，在未来前进道路上始终坚持党的领导，对于确保我国发展航船沿着正确航道破浪前行，顺利实现我们党既定的宏伟奋斗目标具有重大意义。

一、坚持党的领导是我国革命、建设和改革开放事业取得胜利的一大“法宝”

坚持中国共产党的领导是历史的选择、人民的选择。近代以来的事实表明，要完成中华民族救亡图存和反帝反封建的历史任务，解决中国的发展进步问题，必须找到能够指导中国人民进行反帝反封建革命的先进理论，必须找到能够领导中国社会变革的先进社会力量。中国共产党的诞生，是中国历史上开天辟地的大事变。从此，中国人民有了坚强的领导核心，中国革命有了正确的前进方向，中国命运有了光明的发展前景。

成立90多年来，我们党团结带领人民在中国这片古老的土地上，集中完成和推进了三件大事。一是带领人民完成了新民主主义革命，实现了民族独立、人民解放，建立了中华人民共和国，中国人民从此站立起来，中华民族发展进步从此开启了历史新纪元；二是带领人民完成了社会主义革命，确立了社会主义基本制度，实现了中国历史上最广泛最深刻的社会变革，建立起独立的比较完整的工业体系和国民经济体系，积累了进行社会主义建设的重要经验；三是带领人民进行改革开放新的伟大革命，开创、坚持和发展了中国特色社会主义，形成了党在社会主义初级阶段的基本理论、基本路线、基本纲领，建立和完善社会主义市场经济体制，推动社会主义现代化建设取得举世瞩目的伟大成就。这三件大事，从根本上改变了中国人民的前途命运，不可逆转地开启了中华民族不断发展壮大、走向伟大复兴的历史进程。

历史一再证明，没有中国共产党的领导就没有新中国，就没有中国特色社会主义。正如邓小平在20世纪80年代初所指出：“中国一向被称为一盘散沙，但是自从我们党成为执政党，成为全国团结的核心力量，四分五裂、各霸一方的局面就结束了。只要我们党的领导是正确的，那就不仅能够把全党的力量，而且能够把全国人民的力量集合起来，干出轰轰烈烈的事业。”① 他同时指出：“中国由共产党领导，中国的社会主义现代化建设事业由共产党领导，这个原则是不能动摇的；动摇了中国就要倒退到分裂和混乱，就不可能实现现代化。”② 事实上，早在新民主主义革命时期，毛泽东在《〈共产党人〉发刊词》中，就把党的建设同统一战线、武装斗争总结为中国革命的“三大法宝”。③ 今天，我们也完全可以说，坚持党的领导同样是我国革命、建设和改革开放事业取得胜利的一大“法宝”。站在新的历史起点上，实现新的发展、冲刺新的目标、夺取新的胜利，要求我们必须更加珍惜、拿起用好这一弥足珍贵的重要“法宝”，必须一以贯之、毫不动摇坚持党的领导。

二、实现“十三五”擘画的“第一个百年”宏伟蓝图、全面建成小康社会必须始终不渝坚持党的领导

办好中国的事情，关键在党。“十三五”时期与实现全面建成小康社会奋

① 《邓小平文选》第2卷，人民出版社1994年版，第267页。
② 《邓小平文选》第2卷，人民出版社1994年版，第267~268页。
③ 参见《毛泽东选集》第2卷，人民出版社1991年版，第613~614页。

斗目标的时间节点高度契合。到2020年全面建成小康社会，是我们党确定的“两个一百年”奋斗目标的第一个百年奋斗目标，是我们党向人民、历史做出的庄严承诺。今后五年党和国家的全部工作，归结起来就是夺取全面建成小康社会决胜阶段的最终胜利、开启现代化建设新征程；归根到底就是必须坚持党的领导，发挥党总揽全局、协调各方的领导核心作用，为全面建成小康社会提供坚强政治保证。

第一，把握我国发展重要战略机遇期、应对国际国内风险挑战必须坚持党的领导。当前，我们党对未来我国发展重要战略机遇期的重大判断没有改变。但是，其内涵正随着世情国情的不断变化而发生改变，给我们实现既定奋斗目标带来一系列挑战和考验：一是国际金融危机破坏了世界经济增长动力，我们利用世界经济较快增长加快自身发展的条件发生深刻变化，必须更多依靠内生动力实现发展；二是全球需求增长和贸易增长乏力，市场成为最稀缺的资源，我们必须把发展的立足点更多放在国内，更多依靠扩大内需带动经济增长；三是新一轮科技革命和产业变革蓄势待发，我国要素成本快速提高，必须加快从要素驱动转向创新驱动；四是新的经贸规则制订处于激烈的利益折冲之中，我们利用原有规则招商引资、促进发展的条件发生深刻变化，必须积极参与全球治理，保护和扩大我国发展利益；五是随着我国综合国力的持续增强，一些国家同我国发展的摩擦时有发生。这使得我国发展重要战略机遇期，正在由原来加快发展速度的机遇，转变为加快经济发展方式转变的机遇；正在由原来规模快速扩张的机遇，转变为提高发展质量和效益的机遇。这就迫切要求我们必须坚持党的领导，不断增强战略定力和发展耐力，以审时度势的世界眼光，把握国际大势的战略思维，抢抓重要机遇的高超水平，着力提高统揽国际国内两个大局和抵御风险挑战的能力。

第二，以新的发展理念引领新的发展，如期实现全面建成小康社会目标必须坚持党的领导。发展是我们党执政兴国的第一要务，是解决当代中国所有问题的关键。不发展有不发展的问题，发展起来有发展起来的问题，而发展起来后出现的问题并不比发展起来前少，甚至更多更复杂了。当前，要全面建成小康社会，我们面临的问题更复杂、发展的任务更艰巨。一是发展动力不足问题突出。目前我国自主创新能力不强，科技创新对经济增长的贡献率远低于发达国家水平，理论创新、制度创新、文化创新等也存在内生动力不足问题。在未来发展中，如果不更加依靠创新驱动，我们在全球竞争中就会处于下风。二是发展不协调问题突出。主要表现在区域、城乡、经济和社会、物质文明和精神文明、经济建设与国防建设等关系上。如果发展不协调的问题长期得不到有效解决，一系列社会矛盾将会不断积累、加深甚至爆发。三是环境资源约束问题突出。我国资源约束趋紧、环境污染严重、生态系统退化问题十分严峻，人民群众对清新空气、干净饮水、安全食品、优美环境的要求越来越强烈。四是对外开放总体水平不高问题突出。特别是用好国际国内两个市场、两种资源的能力还不够强，应对国际经贸磨擦、争取国际经济话语权的能力还比较弱。五是在共建共享方面问题突出。现在，我国经济发展的“蛋糕”在不断做大，但分配不公问题亟待解决，城乡居民收入、区域公共服务水平差距较大，就业、教育、卫生等领域还存在不少短板。这些方面的问题如果长期解决不好，势必影响全面建成小康社会进程，也“倒逼”我们必须以“创新、协调、绿色、开放、共享”新的理念引领新的发展。“五大发展”理念的提出，本身就是我们党长期领导经济社会发展的经验智慧的结晶，更是我们始终坚持党的领导的必然结果；同时，在未来前进道路上，以新的理念引领新的发展、实现更高层次的发展，更离不开党的坚强领导，离不开党总揽全局、协调各方的领导核心作用。

第三，动员全体人民群众团结奋斗、为全面建成小康社会凝聚磅礴力量必须坚持党的领导。全面建成小康社会，既要靠党制定正确的发展战略和政策措施，更要靠党团结动员各族人民齐心协力、共同努力，把美好蓝图变成活生生的现实。我们党始终把实现好、维护好、发展好最广大人民根本利益作为发展的根本目的，把增进人民福祉、促进人的全面发展作为一切工作的出发点和落脚点；始终把坚持党的领导、人民当家做主、依法治国有机统一起来，发展更加广泛、更加充分、更加健全的人民民主，这为团结动员广大人民群众投身全面建成小康社会提供了根本依靠力量。同时，我们必须清醒看到，全面深化改革涉及利益关系深刻调整，关系广大人民群众切身利益，改革的复杂程度、敏感程度、艰巨程度前所未有，这就更加要求我们党充分发挥总览全局、协调各方的领导核心作用。实践证明，越是全面深化改革，越要坚持党的领导，越要改善和加强党的领导。只有在党的坚强领导下，通过全面深化改革，对利益调整作出更加有利于人民群众的制度性安排，并通过全面推进依法治国以法治方式加以规范下来，才能让人民群众在共建共享中有实实在在的获得感，才能充分调动人民群众的积极性、主动性、创造性，从而凝聚汇集成全面建成小康社会的滔滔洪流和磅礴力量。

三、在实施“十三五”规划进程中坚持党的领导，根本在改善党的领导，关键在全面从严治党

一个政党的执政地位不是与生俱来的，也不是一劳永逸的；过去拥有不等于现在拥有，现在拥有不等于永远拥有。我们党是一个有着8700多万党员、在一个13亿多人口大国长期执政的党。党的自身建设状况如何，直接决定着党和国家事业的兴衰成败。这就要求我们必须深刻汲取世界上一些大党、老党丧失执政地位的惨痛教训，始终把我们党管好治好建设好，毫不动摇坚持党的领导，从而为全面实施“十三五”规划进程提供根本政治保证。

首先，在实施“十三五”规划进程中坚持党的领导，根本在改善党的领导。邓小平在20世纪80年代初就曾经指出，“为了坚持党的领导，必须努力改善党的领导”①，“改善党的领导，除了改善党的组织状况以外，还要改善党的领导工作状况，改善党的领导制度”②。在新的时代条件下，我们党面临着执政考验、改革开放考验、市场经济考验、外部环境考验，这就从根本上要求我们必须坚定不移坚持党的领导，进一步改善党的领导，不断提升战略思维能力、统筹施策能力，不断提高依法执政能力、防控风险能力；要求我们必须加

① 《邓小平文选》第2卷，人民出版社1994年版，第268页。
② 《邓小平文选》第2卷，人民出版社1994年版，第269页。

强党对经济社会发展的领导，加强党的制度化建设，改进工作体制机制和方式方法；要求党在领导经济社会发展中，要重点把握方向、谋划全局、提出战略、制定政策、推动立法、营造良好环境。涉及经济社会发展规划、重大方针政策、工作总体部署以及关系国计民生的重要问题，由党委集体讨论决定。各级党委要支持人大、政协、各人民团体按照各自章程依法履行职责，尤其要支持推动政府依法行政，加快转变职能，主要运用法律手段管理经济社会活动，着力抓好经济调节、市场监管、社会管理和公共服务，从而为全面建成小康社会提供强有力的体制机制保障。

其次，在实施“十三五”规划进程中坚持党的领导，关键在全面从严治党。从严管党治党是我们党的政治优势和优良传统。90 多年来，我们党之所以能够从小到大、由弱变强，成为世界上最大的社会主义执政党，团结带领人民夺取革命、建设和改革事业的不断胜利，关键就在于我们党始终坚持党要管党、从严治党。新的时代条件下，我们党正带领人民进行具有许多新的历史特点的伟大斗争，向着全面建成小康社会的宏伟目标奋勇冲刺，但也面临着精神懈怠危险、能力不足危险、脱离群众危险、消极腐败危险，这就意味着管党治党一刻都不能放松。正如习近平总书记所指出，如果管党不力、治党不严，人民群众反映强烈的党内突出问题得不到解决，那我们党迟早会失去执政资格，不可避免会被历史淘汰，这绝不是危言耸听。诚如是，坚持党的领导无疑将成为一句空话，建设中国特色社会主义就是纸上谈兵。为此，我们必须按照习近平总书记在党的群众路线教育实践活动总结大会上提出的八项要求，增强管党治党意识、落实管党治党责任；坚持思想建党和制度治党紧密结合，既补精神之“钙”，又扎制度之“笼”；提高党内政治生活的政治性、原则性、战斗性，杜绝随意化、平淡化、庸俗化；抓住“关键少数”，切实从严管理干部；坚持固本清源，持续深入改进作风；严明党的纪律和规矩特别是政治纪律和政治规矩，使纪律规矩成为带电的高压线和硬约束；织密人民监督之网，开启全天候探照灯，让“隐身人”无处藏身；借鉴国内外管党治党经验和规律，不断提高党的建设科学化、规范化水平。

总之，坚持党的领导是“办好中国事情”的根本政治保证。十八届五中全会吹响了向全面建成小康社会进军的“冲锋号”“集结号”，“十三五”规划设计了实现“第一个百年”奋斗目标的时间表、路线图。一分部署，九分落实。让我们紧密团结在以习近平同志为总书记的党中央周围，万众一心、同向同行，为夺取全面建成小康社会的最终胜利、进而开启现代化建设新征程而不懈努力！

（原载《山东社会科学报道》2015 年 12 月 25 日第 7 期）

贯彻全会精神
坚实前行步伐

发展现代农业
为全面建成小康社会打好基础

张清津

一、农业是基础产业，农业现代化关系全面建成小康社会的实现

齐鲁网： 十八届五中全会公报在全面建成小康社会新的目标要求中提到“农业现代化取得明显进展”，可见，现代农业对于全面建成小康社会的重要性。您认为，为什么要发展农业现代化？农业现代化对于全面建成小康社会具有什么样的意义？

张清津： 首先，农业是基础产业，农业的基础产业地位关系到其他产业的发展，这是一个基础性问题。如果没有农业现代化，只有科技现代化、工业现代化，那么现代化是不全面的；如果没有农业现代化，其他产业的现代化也会受到影响。农业产业关联很多，与文化、工业都有关联，所有产业是交织在一起的。农业是一个基础部门，比如食品，没有食品的话我们没法生存。第二，农业现代化对于提高农民收入有非常大的作用。目前，农民收入中很大一部分来自于农业，如果能把农业建设好对于提高农民收入是有帮助的。第三，发展农业现代化是对农村和农村文化的保护。对于任何一个国家来说，农村文化是本国文化的根。如果没有农村，一个国家就不称其为国家。很多发达国家非常注重保存、发展农村文化，如果没有农业就保存不好农村。只有一个好的农业、发展的农业，农村才能保护好，农村文化才能够保护好。

齐鲁网： 从理论上，农业现代化对建成小康社会有什么意义？

张清津：小康社会是老百姓有富足的生活，老百姓要有富足的生活，首先农民需要有富足生活，如果没有农业现代化，农民就没有富足的生活。在小康社会，人们对食品质量要求非常高，如果没有高质量的食品供应，建设小康社会就无从谈起。小康社会，人们的文化生活必须非常丰富，如果没有农村文化，我们的小康社会也是一个不完整的小康社会。

齐鲁网：刚才您说粮食、食品安全是一个基础，不能停留在一个温饱的状态，所以它是一个综合性的依托、根源。在下一步的发展中，在小康社会进程中，农业现代化发挥着什么作用?

张清津：首先，农业是一个很大的产业，关系国计民生，如果大产业发展不好，整个国民经济会受到很大影响。建设小康社会不可能只有工业发达、而农业不发达，必须有发达的农业，才能建成小康社会。第二，发展的现代农业对于增加农民收入是有很大帮助的。如果农民收入很低，也不是小康社会，小康社会必须是一个均衡发展的社会。第三是文化，小康社会必须是文化生活丰富的社会。文化生活丰富包括城镇文化、农村文化。如果农村文化不繁荣，肯定不是一个小康社会。

二、从生态等多个环节着手，促进农业发展方式转型、推进农业现代化

齐鲁网：十八届五中全会公报提出，“大力推进农业现代化，加快转变农业发展方式，走产出高效、产品安全、资源节约、环境友好的农业现代化道路”。就山东的农业发展现状而言，您认为山东应该如何推进农业现代化?

张清津：山东农业发展一直走在全国前列，各项指标在全国处于领先地位，粮食生产、棉花、畜产品、水产品、水果、蔬菜都名列前茅。但是山东农业跟全国农业发展一样，面临很多问题。传统的农业发展思路是以追求数量为主，在很长时间内，我们农产品供应是短缺的。但是到目前为止，农产品基本解决短缺问题，甚至部分农产品出现过剩，同时人民生活水平要求更高的标准。在这种情况下，农业发展方式必须转型。以前以追求数量、追求单产为主

的生产方式已经不可持续了。我们必须转变到以追求效益、生态、可持续发展为主的思路上来。我们过去的生活方式在提高供给、增加供给的同时也带来很多问题，比如农药化肥使用过高、土壤肥力大幅度下降、资源浪费严重等。通过发展现代农业，让农业转变到更高效、更节约、更生态、效益更高的发展方式上来。山东农业在转型方面稍微领先一步，但还没有从整体上完成从传统农业到现代农业的转型。

齐鲁网：如果要加快山东农业现代化的进程，哪些方面能够在短时间内见成效？

张清津：应该先从生态入手，以前以追求数量为主的发展方式对生态破坏非常严重，比如说土壤板结，很多地方农业单纯依靠化肥提高农业产量，这是一种不可持续的发展方式。目前山东也注意到这一点，很多地方通过深耕、深翻、秸秆还田等来提高土地肥力。另外一点是农产品品质和安全问题，必须通过生态化的生产方式来解决。农产品生态安全问题需要从各个方面入手，比如产权服务，必须供应农民高效、生态、安全的农业资料；比如农药，不能把高残留性的农药供给农民，应该把安全的、分解快的农药供给农民。现在假农药、假种子已经非常少，但在农资质量上还有差别。就农药来说，农药残留少的产品价格比较高，农药残留比较多的价格相对比较低，农民可能会选价格比较低的，应该把农药残留量特别大的农药驱逐出市场。农民买不到劣质农药，对提高农产品质量非常有好处。

齐鲁网：这些年，山东逐渐向农业现代化方向发展，制定出很多相关政策、法规。今年，十八届五中全会再次强调，那么，在向前推进农业现代化进程中，我们应按照什么步骤走？

张清津：现代农业发展是一个整体的过程，不是一个措施就能解决的，需要设计很多环节。农资供应是一个重要环节，生产环节和产后农产品加工、服务也是非常重要的，不可能采取一个措施就能把所有问题解决掉，这是不可能的。农业发展方式要有一个全面的转变，涉及各个方面，实现全面转型，应该从各个环节来入手。

三、运用新型农业发展方式，促进“四化”同步发展

齐鲁网：实现农业现代化，大力发展现代化，各个环节需要制定不同的标准，需要采取不同的技术手段，包括科技创新等各方面。十八届五中全会公报提出，坚持协调发展理念，促进新型工业化、信息化、城镇化、农业现代化同步发展。可以看出，在这“四化”中，农业现代化相对较弱。如何推进农业现代化以实现“四化”同步发展？

张清津：“四化”是相互联系，而不是分割的。工业化、信息化、城镇化、农业现代化联系非常紧密，农业现代化不是单独的领域，离开工业化、信息化、城镇化就无法实现农业现代化。比如工业化和城镇化，它们的发展能够创造更多的就业机会，让更多的农民从农业领域转移出去，这样能够减少农村劳动力数量，扩大农业生产规模，实行规模经营。再比如信息化，如果没有好的信息化过程，农业技术推广就会受到影响，农产品的营销、物流也会受到影响。因此，“四化”是紧密联系在一起的。在“四化”中，农业现代化略微滞后。但在以后的发展中，农业现代化应该与“四化”中的其他方面紧密结合起来，通过先进的技术、农业经营方式来提高农业效益和农产品质量，实现农业现代化。

现在农业现代化和工业化、城镇化结合非常密切，农业生产潜力非常大。现在有很多工商资本性的农业，看到了农业发展的空间和潜力，虽然国家不太鼓励工商资本大面积进入农业，但在有些领域是允许的，比如经济作物的生产和观光农业、旅游农业等农业新业态是鼓励工商资本进入农业的。

四、发展“六次产业”，构建新型农业经营主体实现农业生态发展理念

齐鲁网：十八届五中全会公报，在“绿色发展”理念中提出要“构建科学合理的农业发展格局，推动建立绿色低碳循环发展产业体系”，构建科学合

理的农业发展格局应该从哪些方面入手？

张清津：目前来讲，主要有两个方面。一方面，先从一、二、三产业融合入手。目前中央比较重视这项工作，各个地方政府也在推这项工作，一、二、三产业融合是现代农业发展的趋势，也有人把一、二、三产业融合称为六次产业发展。通过产业融合能够消除产业链断裂过程中存在的问题，比如废物不能回收利用等问题。另一方面，在农业的各个环节上推行生态化。不单单是在生产环节上，在农资供应、农产品加工销售等各个环节都应实现生态化，按照生态理念来发展。

齐鲁网：在农业现代化布局中，把生态理念融入到各个环节中，这是非常好的一个想法。但要挨家挨户跟农民朋友推广生态化理念是否有一定难度？目前山东在这方面的成效怎么样？

张清津：在农业现代化过程中有一个非常重要的内容是构建新型农业经营主体，包括种植大户、家庭农场、合作社、综合经营体。这种新型农业经营主体规模比较大，按照现代化、生态化生产理念来发展农业比较容易，可以通过构建更多的新型农业经营主体来实现生态理念。之前谈到的三次产业融合，也是通过融资企业、合作社这些新型经营主体把散户带动起来，通过这种形式让他们统一实行规范化运作。

山东在这方面是比较领先的，有很多成功的典型。武城有一家辣椒加工企业，从产前环节开始服务农民，种子、化肥、农药完全提供给农民，生产过程中给农民提供指导，在产品收购时完全按照严格的标准收购，将整个农业生产环节纳入到现代化的体系当中。

五、积极创新，实现农业生产方式由传统农业向现代农业转型

齐鲁网：十八届五中全会中提出了“创新、协调、绿色、开放、共享”五大发展理念，您认为这五大发展理念如何贯穿于现代农业的发展中以使农业现代化取得明显进展？

张清津：在五大理念中创新是关键理念，如果创新工作做得好，其他理念

实现起来比较容易。农业发展方式要实现从传统生产方式到现代生产经营方式的转变，创新是非常重要的。无论是技术，还是经营形式都需要创新。比如在技术上，我们需要新的品种、新的种植方式，如无土栽培、滴灌等新技术的应用，对现代农业的发展是非常重要的。在经营方式上，我们要创建更多的新型经营主体，实现一、二、三产业融合，实现六次产业发展。如果这些做好的话再贯彻其他理念就比较容易。目前比较急迫的情况是国内市场和国际市场融合程度较高，国际市场的价格、成本会传导到国内市场。从目前情况来看，很多农产品生产成本比国际市场高，面对压力和冲击，我们必须以创新的态度来解决问题。通过新技术和新的经营方式来降低农业成本。

齐鲁网：刚才您提到创新，现在许多地方都提出要运用创新理念发展现代农业，包括开发新技术提高农作物产量、减少化肥农药的使用，运用“互联网+”技术进行销售、购买等。目前，有没有比较成功的案例?

张清津：成功案例很多，除了刚才提到武城的辣椒厂，禹城也有成功的案例。禹城有个养牛场，对牛的粪便和秸秆进行综合利用建发电厂，同时生产沼气，非常成功。还有中裕面粉厂，把农产品生产、农产品加工、养殖业和加工业这几个环节融合起来，各个环节的废物都能够综合利用，建立循环产业，做得很好。

通过“互联网+”销售的电商模式目前仅仅是一个开端，以后发展潜力很大，在市场建构上我们需要做很大努力。因为农产品和其他产品有一个不同特点——农产品质量鉴定非常困难，农药残留必须通过很好的技术手段才能检测出来，只通过一个图片无法鉴定食品质量。粮食、蔬菜不好鉴定，但是可以先从其他方面优先发展，比如说鲜花。在以后的发展过程中逐渐会有新的办法，来加强市场信用，建立市场信誉度。

齐鲁网：您刚才谈到滨州的中裕、武城的企业，他们通过新技术发展现代农业，有成功的经验，广大网友对此非常感兴趣。尤其是农民朋友希望能够在农业发展中利用更多的新技术，有很多网友在公共平台上留言。我们来看一下网友通过“理响中国”微信公众号发来的提问。网友“村娃进城”问：政府有什么优惠政策能够促进新技术在农业发展中的使用以促进现代农业的发展?

张清津：新技术主要靠市场推广，新技术只要先进，能够增加效益农民就会采用，所以没有政府的扶持，新技术也会得到采用。政府部门在采用新技术方面也有一些扶持，比如农户部门有一些扶持资金，在征地环节上，政府会为他们创造条件。

农业方面确实有很多成就需要推广到农村去，现在我们省里很多地方构建农技推广体系。在原有的农技推广体系的基础上，很多部门在加强力量，争取把更好的技术推广到农村去，让农民能够接触到更先进的技术。

相信农民朋友在不久的将来会获得政府部门出台的相关的农业扶持政策。农业现代化不仅关系到农民的生活，而且与每个人的生活息息相关，是全面建成小康社会的关键一环，相信在“十三五”规划的指导下我国农业能够保持可持续发展，农业现代化能够取得明显进展。

（原载齐鲁网 2015 年 11 月 13 日）

发挥优势挖掘潜能　开辟农村发展新空间

樊祥成

齐鲁网：《五中全会关于"十三五"规划建设的建议》提出，要"拓展发展新空间，用发展新空间培育发展新动力，用发展新动力开拓发展新空间"。其中特别提到要"推进城乡发展一体化，开辟农村广阔发展空间"。您认为农村有哪些发展的新空间？这些新空间能够培养怎样的发展新动力以助力全面建成小康社会的实现？

樊祥成：开辟农村发展的新空间，要看农村发展有哪些优势、哪些短板、哪些潜能。发挥优势、补齐短板、挖掘潜能，都能开辟农村发展的新空间。

农村发展的优势在于地理空间广阔、生态环境丰富多样、传统文化底蕴深厚。而这正是乡村旅游、休闲农业存在和发展的基础。随着收入水平的不断提高，城乡居民对于旅游休闲的需求日益旺盛，与农业多功能性相关的休闲旅游、文化体验、生态环保、科技教育等消费需求持续扩张。农村丰富的自然、文化和生态资源，能够满足城乡居民对回归自然、乡村体验、休闲旅游等多方面的需求。这也是推进农村一、二、三产业融合发展的重要途径。因此，推动农村一、二、三产业融合，大力发展乡村旅游和休闲农业，是农村发展的新空间，可以带动相关的投资和消费，推动农村发展。就山东的情况来看，2010年到2014年，全省乡村旅游收入由531亿元增长到1420亿元，接待人数由1.3亿人次增长到2.7亿人次。

农村发展的短板，在生产方面表现为农业基础设施不能满足现代农业发展的需要，在生活方面表现为公共产品和公共服务不能满足农村居民日益提高的生活水平的需要。为了弥补农村发展中这两方面的短板，需要综合运用市场和政府两种力量协调推进，需要在投资、建设和管理上下功夫，健全农村基础设施投入长效机制，大规模推进农田水利、土地整治、中低产田改造和高标准农田建设。需要创新公共服务提供方式，能由政府购买服务提供的，政府不再直接承办；能由政府和社会资本合作提供的，广泛吸引社会资本参与。以城乡环卫一体化为例，目前全省城乡环卫一体化已实现镇村全覆盖。很多地方通过公开招标，向市场采购保洁服务。

农村发展的潜能在于农村的资源配置效率还有进一步提升的空间、农村的消费市场还有进一步开拓的余地。一方面，目前农村的土地、劳动力等要素市场的发育还不十分完善，农村的资产还没有充分流动起来，配置效率还有提升的空间。随着“互联网＋”农业、农业创客、农业信息化等新要素、新力量逐步进入农村，农村资源的配置效率有可能提高，农村发展的潜能有可能进一步被激活。另一方面，农村消费市场潜力很大，随着收入提高、农村物流和电子商务发展等因素的改变，有可能释放农村的消费潜能。

上述这些新的发展空间，能够为农村的发展带来所需要的投资，促进相关消费，有助于从产业发展、基础设施建设、公共产品和公共服务供给、资源配置等方面推动农村全面发展，助力全面建成小康社会的实现。

齐鲁网：《建议》提出“坚持最严格的耕地保护制度，坚守耕地红线，实施藏粮于地、藏粮于技战略，提高粮食产能，确保谷物基本自给、口粮绝对安全”。您认为国家为什么会如此注重耕地保护，您如何理解“藏粮于地、藏粮于技”战略？如何更好地实施“藏粮于地、藏粮于技”战略？

樊祥成：国家这么注重保护耕地，是由我国的国情决定的。我国是发展中的人口大国。把饭碗牢牢端在自己手上，确保重要农产品特别是粮食的有效供给，需要有一定数量和质量的耕地资源作为保障。在经济社会发展中，工业化、城镇化进程给耕地保护施加了很大压力。所以，我们国家很早就提出要实施最严格的耕地保护制度，坚守十八亿亩的耕地红线。

“十三五”规划建议首次提出“藏粮于地、藏粮于技”战略，表明国家对我国粮食生产的战略思路是十分清晰的。粮食产能建设，离不开两个最基本的要素——土地和科技。拥有一定数量和质量的土地再加上掌握先进适用的粮食丰产科技，就能在最大程度上提高粮食产能，确保谷物基本自给、口粮绝对安全。

“十三五”规划建议中已经为“藏粮于地、藏粮于技”战略的实施进行了部署。比如在耕地数量和质量的保护方面，具体的措施有：全面划定永久基本农田，大规模推进农田水利、土地整治、中低产田改造和高标准农田建设；在确保粮食生产的制度建设方面，具体措施有：加强粮食等大宗农产品主产区建设，探索建立粮食生产功能区和重要农产品生产保护区。在粮食丰产科技方面，推广应用良种繁育技术、高产栽培技术、测土配方施肥技术、农业机械化技术、盐碱地改造技术等，对于提高粮食生产能力具有重要意义。

齐鲁网：《建议》提出“深化户籍制度改革，促进有能力在城镇稳定就业和生活的农业转移人口举家进城落户，并与城镇居民有同等权利和义务。实施居住证制度，努力实现基本公共服务常住人口全覆盖”。可见国家对农村转移人口权利的重视，您认为国家为什么会如此重视农村转移人口的权利，可以从哪些方面来保障农村转移人口的权利？在保障农村转移人口的权利方面，山东有哪些举措？

樊祥成：首先，农村转移人口理应与城镇居民享有同等的权利和义务，但现实中还存在农村转移人口获得的社会保障水平较低、随迁子女入学难等问题，农村转移人口还没有获得与城镇居民同等的权利。其次，让农村转移人口享有与城镇居民同等的权利和义务，有助于推动现代农业的发展。正是由于农村转移人口的社会保障不完善，才使得农村部分转移人口不能安心流转土地、脱离农业，同时他们又不能全心投入到农业生产中去。这种情况阻碍了职业化、专业化、规模化农业经营方式的建立，影响了我国现代农业发展的进程。

在保障农村转移人口权利方面，首先要保障他们享有与城镇居民同等水平的社会保障，要保障他们在年老、失业、患病、工伤、生育时的基本生活不受影响；其次要保障他们的子女享有与城镇居民子女同样的受教育权利；再次要保障他们当中的中低收入群体享有与城镇低收入居民同等的获得政府保障性住房的权利；最后要保障他们享有与城镇居民同等水平的卫生、文化、环境等公共服务。

目前，山东在这些方面相继出台了一些政策，保障农村转移人口的平等权利。比如山东完成了城镇居民基本医疗保险和新型农村合作医疗制度的整合，并建立起统一的、城乡一体的居民基本医疗保险制度；正在探索实施积分落户制度，科学制定具有合法稳定住所、合法稳定职业的外来人口阶梯式落户通道和差别化落户标准；有序降低准入门槛，扩大保障人群，17 个设区市全部将在城镇稳定就业的外来务工人员纳入公租房供应范围；具有稳定就业的进城务工人员连续缴存住房公积金 1 年以上，可以申请住房公积金贷款；逐步放宽随迁子女入学和升学条件限制等。

齐鲁网：《建议》提出“促进城乡公共资源均衡配置，健全农村基础设施投入长效机制，把社会事业发展重点放在农村和接纳农业转移人口较多的城镇，推动城镇公共服务向农村延伸”。您认为要实现城乡公共资源均衡配置需要从哪些方面着手？

樊祥成：城乡公共资源均衡配置，首先要从与居民生活息息相关的饮水、环卫、道路、公共交通、信息化等方面入手，切实提高农村居民生活质量。

其次，从与农村居民生活环境相关的污水处理、绿化、美化、亮化等方面入手，使农村居民享受到城镇居民所能够享受到的环境质量。目前正在推行的农村环境综合整治、美丽乡村建设等，就切中当前农村环境脏乱差的要害。

再次，从与农村居民生计相关的教育、医疗、养老、低保等方面入手，为农村居民提供一个更加公平的发展环境。

另外，城乡公共资源均衡配置，应该与具体的村镇规划相结合。应该重点建设农村新型社区和保留村庄建设，切实按照《美丽乡村建设指南》规定国家标准，提高人居环境水平；拟合并村庄要着力开展垃圾集中清理，有效解决污水乱排问题，保障人居环境整洁。

（原载齐鲁网理论频道 2015 年 11 月 6 日）

农村城镇化过程中要注意保护村庄文化

张清津

《中共中央关于制定国民经济和社会发展第十三个五年规划的建议》在谈到“推动城乡协调发展”时，特别强调：“加大传统村落民居和历史文化名村名镇保护力度，建设美丽宜居乡村。”在谈到“推动物质文明和精神文明协调发展”时，又指出：“构建中华优秀传统文化传承体系，加强文化遗产保护，振兴传统工艺。”目前中国正以很快的速度推进农村城镇化。山东城镇化也有了长足进步，2014 年山东城镇化率已达到 55%。今后，推进农村城镇化仍然是山东农村发展的重要任务。

在城镇化过程中，也有一个城镇和乡村协调发展的问题。在很多人的思维中，好像目前农村的事通过城镇化就可以万事大吉，所以存在着重城镇、轻乡村的倾向。特别是对农村文化的保护，就更加认识不足。实际上，农村文化保护，特别是村庄文化保护，已经到了刻不容缓的地步。

在农村城镇化过程中，大量农村人口和劳动力向城镇集中、大量村庄消失是一个不可避免的现象。所以，城镇化进程会极大地改变农村现有的格局。许多年后，农村很可能面目全非，大量村庄消亡，还有很多村庄会发生很大变化，村庄所承载的许多农村文化，也会遭到破坏。所以，如何做好规划，在城镇化过程中有计划地保护农村文化，是不容忽视的。

一、农村文化的内容与保护重点

很多人认为农村文化就是古树名木，或古村古宅，其他都不足论。但实际上，农村文化包含的内容很广，包括村庄布局、建筑、服饰、特产、饮食、风俗、节庆、工艺、艺术、方言等。农村文化大体分为物质文化和非物质文化。前者包括建筑风格、服饰、工艺品、土特产、饮食等。后者包括地方戏、节庆习惯等。就目前大家熟知的文化种类来看，大体可分为建筑类、产品类、风俗类和艺术类。

在漫长的历史发展中，山东形成了独特的农村文化。仅仅在农产品上，就有很多享誉中外的特产，例如烟台苹果、莱阳梨、肥城桃、章丘大葱、潍坊萝卜等。这些产品性文化都具有很强的地域性，如果遭到区域性的破坏，则很难恢复。在艺术方面，则有潍坊风筝、杨家埠剪纸、商河鼓子秧歌、莱芜梆子等。

二、保护农村文化的重要性和紧迫性

在任何国家，农村文化都是民族文化的根。中国传统文化，也是在几千年的农耕社会中演化而成的。虽然近代以来中国城市有了很大的发展，但传统文化仍然植根于农村。甚至很多传统文化元素，只能在农村找到。所谓“礼失求诸野”。很多文化元素，一旦破坏或消失，是无法复原的。在全世界都注重保护民族文化的今天，我们应该引起重视，在城镇化过程中有计划、有重点地保护农村文化。

很多文化内容会随着社会的发展而变化甚至消失。有些文化的消失是有其历史必然性的。例如，农业社会各地盛行的手工服饰，随着工业化的进展，必然会被工业品所替代；胶东原来盛行的妇女绣花风俗，因为工业品大量生产也几近消亡；传统农村的各种艺人，如铁匠、货郎等，由于其产品被工业品替代，所以也几乎消失或灭绝。但还有很多文化是不应该因工业化而遭破坏的。例如，山东各地的各种土特产品是山东农业的精华或代表，即使是在工业化时代，也是具有很大价值的。但这些文化也受到了很大程度的破坏。如青州的弥河银瓜在商品经济的大潮中也遭到了灭顶之灾。

更重要的是，在某些地方甚至出现了大规模消灭村庄的现象。村庄是农村文化的一个非常重要的载体，村庄一旦遭到破坏，农村文化就成了无本之木。很难想象，一个没有村庄的中国，还是不是中国。今后农村推行城镇化是大势所趋，如何有选择地保护农村文化，已经到了刻不容缓的地步。

三、国外保护农村文化的成功案例

西方国家在经历了工业化和城镇化之后，才认识到保护农村文化的重要性。很多国家都把保护本民族文化和农村文化纳入国家发展战略。例如，在WTO谈判中，日本坚持对本国农业的保护，是为了保护农村文化和民族文化。因为葡萄酒等产业的经济价值和文化价值，法国也把波尔多等农村地区作为文化传统重地予以重点保护。澳大利亚、智利等国家，还把保护农村文化延伸到了保护本地区物种，严格限制外来物种进入本国。

四、保护农村文化对策措施

保护农村文化的重点是保护村庄。几千年来，村庄是中国农村的基本单元，也是最重要的政治、经济、文化集合体。村庄是农村文化的载体，几乎所有的农村文化，在村庄之中都有体现。所以，要保护农村文化，一个重要的措施就是保护村庄。

但随着工业化和城镇化的进展，大量的农村人口和劳动力会向城镇聚集，在此过程中，大量村庄的消亡是不可避免的。但同时，要消灭所有的村庄，让现有的农村人口都集中到城镇中去，也是不可能的。所以，在城镇化过程中，如何合理地规划，有重点地保护一批村庄，是不可忽视的。

要在城镇化过程中有效地保护农村文化，可从下列几个方面入手：

首先是做好缜密的调查。由于长期的发展差距，不同的村庄所包含的文化内涵也是差别很大的。其中有些村庄对当地文化更具有代表性。所以要通过调查，彻底了解现有的村庄布局及其对本地农村文化上的代表性，在全省范围内选择一批具有典型意义的村庄进行重点保护。

其次是做好规划和布局。在保护村庄时，不仅要考虑到不同村庄的文化代表性，还要考虑到产业布局的合理性。往往有这样的情况，即一些文化底蕴深厚的村庄可能经济发展也比较快，或者是本地的一个政治、经济、文化中心。在这些地方进行城镇建设可能效率更高。这样一来，如何在经济发展的同时保护农村文化，是一件需要深思熟虑的事。我们认为可以考虑在原有村庄之外建立新区，来容纳新兴产业和外来人口。这样就可以做到在推动经济发展的同时保护农村文化。

第三，选择文化底蕴深厚且有典型意义的村庄，在大范围内进行布局调整，发展文化产业园或文化产业长廊。例如，在日照、青岛、烟台、威海等沿海地区打造渔村文化长廊；在临沂、潍坊等地的山区打造山村文化长廊。借机发展旅游、艺术等文化产业，实现经济与文化发展相得益彰的结果。

第四，重点打造山东的商业文化带。鲁商是中国的一个重要商帮，在历史上曾涌现出了一批以孟洛川为代表的著名商人和以周村为代表的著名商埠。西部有运河商业带，中部有周村商埠和孟（洛川）氏家族的故乡旧军，东部有沿海贸易文化，特别是以海尔集团、青岛啤酒、烟台张裕葡萄酒为代表的现代商业文化。合理地规划、打造山东商业文化带，不仅能够有效地促进经济发展，而且还能够起到保护传统文化特别是农村文化的作用。

（原载《山东社会科学报道》12 月 7 日第 6 期）

大数据助力现代农业发展

许英梅

今年入秋以来，我国粮食主产区的玉米、小麦价格都出现不同程度下跌。尤其是玉米价格下跌明显，农户价格平均下跌20%以上，最高跌幅相比去年达30%，而小麦在国庆前也经历了一轮断崖式下跌。

国际低粮价和信息不对称是造成本轮粮价下跌的主要原因。十八届五中全会公报指出，要大力推进农业现代化，加快转变农业发展方式，走产出高效、产品安全、资源节约、环境友好的农业现代化道路。因此，按照五中全会的精神，在信息化时代，发展现代农业还要加入“大数据”。“要全球大数据，就是以后我们进行现代农业建设，提倡大数据手段，再结合绿色发展里面的技术装备、农业生产活动进行全程测量、风险防控，来降低农业生产和销售中的不确定性，让农民在产前、产中、产后都能全程的把握。”

据统计，2014年，全省粮食总产919.3亿斤，已连续12年增产。农产品出口157.3亿美元，连续16年全国居首。农业机械化与产业化水平全国领先。今年前三季度，山东预计秋粮总产467.5亿斤，全年粮食总产937亿斤，实现了“十三连增”。但是，在实现“连续增产、增收”的高起点上，如何保持农业农村持续健康发展，从而构建起农业发展新格局？许英梅认为，要按照十八届五中全会的精神，在拉长产业链、促进农民增收的同时，推进互联网+农业新模式，重视农业电商、快递流通的作用，着重培养一批青年农民精英。

培养一批青年农民精英在农村地区创业，形成一种农业创新的核心力量，就是在农地规模经营、农民联合合作、农产品销售和城乡一体化方面都有一些创新，能掌握这些手段的青年农民精英。

构建农业发展格局，既要使农民受益，又要遵循生态低碳循环的可持续发展方式。随着“十三五”规划的推进，将有更多的农业政策出台，帮助实现农业发展布局，也让农民能真正从中受益。

（原载山东综合广播《山东新闻》2015 年 11 月 6 日）

“大数据”溢出价值巨大

孙　晶

齐鲁网：如今互联网科技已经跟我们生活密切相关，可以说，互联网已经渗透到我们日常生活的每一个细节。十八届五中全会公报提出“网络强国战略”，这也是十八届五中全会的亮点之一。请您谈一下什么是“网络强国战略”？

孙晶：“网络强国战略”，简单地说是为了实现我们国家从网络大国迈向网络强国而制订的国家战略，它包含着建设“网络之强国”和“以网络强国”的双重含义。我们国家已经成为无可无争议的网络大国。工信部数据显示，2014年，我国互联网用户达6.3亿，智能手机用户达5亿，均为世界第一。宽带规模全球第二。我国互联网企业占据全球十大互联网公司中的四席。信息消费规模达到2.8万亿元，同比增长25%。电子商务交易额超过12万亿元，同比增长20%，成为第一大网络零售市场。基础电信企业非话收入占总收入之比达到57.9%。软件和信息技术服务业、互联网行业收入分别增长20%和50%。但是“网络大国”不是“网络强国”，而且也不会必然成长为“网络强国”。目前，我国信息基础设施建设不平衡、自主创新的核心软硬件较少、参与或掌握的国际标准也很少，产业发展和服务于社会的能力还有很大差距，网络安全保障能力仍然不足，网络国际影响力仍待提高，距离网络强国尚有较大差距。

网络强国战略，就是以建设高速、移动、安全、泛在的新一代信息设施为条件，统筹实施物联网、宽带中国、“互联网+”计划等国家产业发展计划，统筹部署国家互联网信息科技人才培养选拔计划和科研项目攻关计划，赶超世界先进水平的信息科技核心技术，掌握国际信息通信技术标准制定的参与权、主动权，发挥开放、平等、协作、分享的互联网精神，有效对接和支撑国家大数据战略，促进完善现代市场体系、信用体系，提高资源配置效率、创业创新能力、有效供给能力，促进产业变革、商业模式创新和组织变革、管理模式创新，加快发展方式转变，推动产业迈向中高端；推进文化机制创新；强化权力运行制约和监督程序体系，加快转变政府职能，助力社会主义民主政治制度建设，推进法治中国建设；提升国家治理能力和治理体系信息化、现代化水平；保障和维护国家网络空间主权、信息安全；与国际社会携手营造和平、安全、开放、合作的网络空间，共同建设多边、民主、透明的国际互联网治理体系。

齐鲁网：“十三五规划”建议指出：“实施‘互联网+’行动计划，发展物联网技术和应用，发展分享经济，促进互联网和经济社会融合发展。”请您谈一谈，什么是“分享经济”？怎样发挥“互联网+”在发展“分享经济”中的作用？

孙晶：分享经济也称共享经济，它是指借助互联网平台，把商品、服务、资金、技术、信息或者说人的才能、智慧等资源进行优化再配置，通过提高利用效率，使得所有者以外的人和组织能够分享，从而创造出更大的经济和社会价值的一种经济体系。使用价值是使用出来的，无使用，无贡献，也就无价值。未来，大量商品、服务和技术的所有权和使用权有效分离，人们不求所有，但求所用，大量产品和服务的边际使用成本大大降低，有些甚至趋近于零。地球上的数十亿劳动者，既是生产者也是消费者，通过互联网分享所有资源和商品，商品交换价值被共享价值代替，既能高度满足人们的需求，又极大地避免了过剩和浪费，共产主义照进现实，人类进入共享新纪元。美国经济趋势预测大师杰里米·里夫金指出，协同共享在21世纪的下半叶甚至会取代资本主义，成为人类社会主导的经济形态。

“互联网+”在实现分享经济的过程中，一方面提供了使用的“情境”。情境在这里就是指一些可重复的、特定时间里的、特定条件下的、产生特定类型需求的场景。随着移动互联网和智能手机的普及，越来越多的特定“情境”被发现，越来越多的特定情境下的需求被开发、被满足。这几年围绕“情境”

的产业创新非常多，比如出行的电子地图、智能公交、网络约车、预订酒店、机票、门票、车票，比如外出就餐、送餐、网约上门服务，再比如零星时间收听个性化电台和节目。

另一方面，互联网提供了供需双方强烈的可获得“预期”。开放的第三方平台，吸引着供需双方提出需求信息，提供产品和服务的供给信息，因为有丰富的品种、极为庞大的规模，对于任何一方来说，就更有可能获得自己所需，这使互联网平台对供需双方形成了强大而持久的吸引力。

再就是互联网平台能够建设一个很好的信用体系。人无信不立，业无信不兴。过去的熟悉人社会中，大家可能祖祖辈辈生活在一个村镇，相互之间都认识，个人为了维护个人和家族的声誉，会形成良好的信用环境。随着人口流动增加，我们开始进入一个“陌生人社会”，一段时间出现了信用滑坡的情况，在互联网上我们能够通过共建共享的方式重新建立信用体系。我国已初步形成以市场为导向，各类征信机构互为补充，信用信息基础服务与增值服务相辅相成的多层次、全方位的征信市场，并明确国家社会征信体系建设由国家发改委和人民银行牵头，以部际联席会议方式负责。

最后，互联网还提供了逻辑搜索和匹配引擎。这大大消除了信息的不对称，节省了供需双方的搜寻成本，提高了供需匹配的效率。这正是互联网 + 飞速发展，不断激发传统产业创新，创造新业态的重要原因。我们每个人上网进行商品搜索和查找的时候，其实也给供应的企业提供了需求信息。我们的评价信息、售后服务要求、退换货的要求，当然都会成为供方有价值的数据源，为下一轮的产品开发、市场定位和产品分享提供有益的帮助。

齐鲁网：十八届五中全会把“创新”摆在国家发展全局的核心位置，互联网科技的创新在未来国民经济发展中被寄予“厚望”。请您谈一谈，除了“分享经济”，互联网在未来还会在哪些领域释放巨大的发展活力？

孙晶：开放、平等、协作、分享是互联网的精神所在。可以说，有互联网的地方就会有分享，互联网和分享无法分离。人们只要运用互联网，就无时不在分享着信息，通过信息的分享，进而实现实物、服务等的分享。互联网在各个领域的应用，至少可以归纳为以下十方面：

首先是科研、教育领域，促进科研方法创新、科研数据自动化归集、科研组织和协同方式创新，科研成果分享、转化方式创新，特别是促进新材料、新能源、人工智能、健康医疗、生物医药、基因、中医药等研究领域核心技术突破。促进教育科研、教育方式创新，大力推动高水平的教育可视化、普及化、均等化、个性化服务。

其次是作为创业创新的平台，互联网已经累计增加就业岗位达到2000万，未来仍将作为创业创新的首要支撑平台和主战场，主导各类要素资源集聚、开放、协同、共享。

第三，在农业领域，依托物联网、互联网发展高效、智能、规模化、精准化生产方式，培育多样化网络化服务模式，提高订单生产比例，形成新型农业生产经营体系。

第四，工业生产制造领域，通过互联网、大数据分享供需信息，大力发展生产性服务业，发展智能制造和大规模个性化定制，提升网络化协同制造水平。

第五，金融领域，利用互联网拓展金融服务的深度和广度，既实现广覆盖，又能够提供多层次、个性化服务。

第六，电子商务领域，拓展农村电商、行业电商和跨境电商，加强对不正当竞争的管理，提升电子商务服务水平。

第七，交通、物流运输领域，完善交通基础设施、运输工具物联网和运行信息、用户需求的互联网连接水平，创新高效、节能、环保的交通运输和物流服务和管理体系，发展“无车（交通工具）承运”服务。

第八，绿色生态和环保领域，加强资源环境的物联网自动化动态监测和节能减排控制，实现生态环境数据互联互通和开放共享，建设分布式能源网络，推进能源生产和消费智能化、绿色化，扩大绿色能源入网比例，发展基于电网的通信设施和新型业务。《Smart 2020》报告指出，使用信息技术所贡献的节能效果是其产品自身耗能的5倍，在2020年可减少全球二氧化碳排放的15%。

第九，益民服务领域，发展基于互联网的、线上线下相结合的医疗、健康、养老、旅游、社会保障等新兴服务业态。人工智能计算机诊断系统将成为合格的全科医生，随着的病案大数据的积累和计算机学习能力的提高，形成良性循环，持续不断地提高疾病诊断和治疗水平。

第十，实现治理现代化，转变政府职能，建设开放型、服务型政府，建设国家信用体系，简政放权，促进政府网络化、自动程式化管理，通过大数据归集和分析，提升公共管理和决策、服务水平，有效弥补市场失灵。

齐鲁网：在“十三五”规划《建议》中提出，“实施国家大数据战略，推进数据资源开放共享”。请您谈一谈，大数据在国家“创新”发展方面将有哪些作为？

孙晶：2014年政府工作报告提到大数据的时候，仅把它作为可以引领未来发展的高新技术，是跟云计算、生物医药、新能源等科技并列的。2015年政府报告提出实施“互联网+”计划。4月份，我有幸做客齐鲁网《舜耕讲堂》第一期访谈，当时我已明显感受到大数据的重大价值和它与“互联网+”的密切关系，在节目中提出了实施大数据发展战略的建议，也初步做了实施大数据战略的必要性和可行性分析。很高兴看到在7月和9月，国务院分别出台了《积极推进互联网+行动的指导意见》和《促进大数据发展行动纲要》。读了之后，我有以下几点感受：

第一，大数据是一种新的科学范式，是继实验科学、理论科学和计算机科学之后的第四种实验范式。它将为为数众多的科学问题提供突破性进展的机会。可以说，历史上每一次科学的重大突破都和科学范式的转换有关。或者说科学范式转换必然带来科学的革命性突破。现在高层有一个重要的判断，即我们国家现在处于加快经济转型发展、国际新技术革命和产业变革历史性交汇时期，给我们提供了一个非常好的实施创新驱动的机会。

第二，大数据向信息产业链之外溢出的效益特别巨大。大数据产业本身不仅带动互联网软硬件和相关软件服务业的发展，这是它自身的产业链，而且还通过自身的发展，服务于其他的行业，给其他行业带来巨大的发展空间。正因为如此，大数据被用来命名我们现在的时代，称为“大数据时代”，这是它和历史上其他那些能够命名时代的技术占有同等地位的一个象征，就像石器、青铜器、蒸汽机、电机。据测算，大数据能使制造业装配成本降低50%，零售业增加利润60%；在医疗、零售和制造业领域，可以每年提高劳动生产率0.5～1个百分点。开放数据将在全球教育、运输、消费产品、电力、油气、保健和消费者财务这7个领域释放3.2万亿～5.4万亿美元的经济价值。总之，大数据服务业属性大大超越制造业，对其他产业的影响百倍于对直接产业的影响，广义大数据产业规模百倍于狭义大数据产业，社会效益又远大于经济效益。

第三，大数据创新宏观调控和微观决策方式。从宏观来看，化解过剩产能，提高产能利用率的重要前提是准确的宏观数据。大数据不是来自为了统计任务而申报的组织数据，而是来自真实的业务数据、传感器数据以及自媒体，通过主动的挖掘、分析得出宏观结论，很大程度上可以主动规避水分和造假，有利于政府和企业做出正确的决策。

从微观领域看，通过大数据发现客户需求，从而提高供需匹配率，必然降低企业投入，已经和必将创造出巨大的商业价值。从成功的经验来看，两个条件必不可少，一是搭建规模化的平台，二是具备数据分析需求信息匹配能力。每一个搜索、询问、交易、评价都会成为微观参考。

第四，大数据对生产组织方式的集约和创新。人才流、物流、资金流在信息流、大数据有效引导下的流动，深刻影响了我们的组织方式，促使管理模式的变革，越来越多的人倾向于自由职业。传统的雇佣关系在弱化，越来越多的人才成为自由职业者或合伙人。人类社会越来越有可能成为自由人的联合体，实现个体自由而全面的发展。

第五，大数据提升国家治理能力和治理体系现代化的水平。我们说的治理强调民主化参与，是社会组织和个人共同参与的。通过互联网平台，依靠大数据的支持，才能更好地实现共同参与。英国政府通过有效利用公共大数据来提高公共服务水平，节约的费用相当于为每一位纳税人节省500英镑。

齐鲁网：十八届五中全会公报指出，“完善电信普遍服务机制，开展网络提速降费行动，超前布局下一代互联网”。李克强总理连续多次督促宽带提速降费。作为普通民众，“宽带提速降费”为民众带来实实在在的优惠，从国家发展层面来讲，为什么李克强总理如此力推“宽带提速降费”？您给大家谈一下。

孙晶：价格机制是市场机制中最敏感、有效的机制，价格变动会影响到供求关系，供求关系变化反过来影响到价格。总理之所以要求提速降费，就是要以信息流替代物流、人流、资金流。因为它更符合绿色生态的发展方式。比如说，我们要转一笔钱，去一趟银行小半天的时间就没有了，改用网银、手机银行或者第三方支付，几分钟就解决了，这样小半天的时间和出行的能源消耗都节省了。信息使用范围和频率的扩大，将会有效替代其他污染环境、耗费资源的消耗。科技创新、管理模式创新都需要信息流代替其他要素流动，作为创新的主体来讲，非常需要提速和降费。同时，我们国家互联网用户规模大、集中度也比较高，对互联网通讯的基础运营商来说，边际成本几乎为零，规模效益显著，近期非话收入比例大幅提高就是明证。提速降费，增加成本有限，却大幅扩大营收，同时也为社会做出更大的贡献。

齐鲁网：我们看一下网友通过“理响中国”微信公众号提出的问题。这位网友说，总理提出“互联网+”之后，很多人拿它来和德国的工业4.0对比。觉得“互联网+贸易”诞生了电商，但是电商导致“假冒伪劣”横行，伤害了制造业，甚至说“电商正在摧毁实体经济”，工业4.0才是振兴实体经济的良策。您是怎样看的?

孙晶：我对国家实施“互联网+”计划并不担心。因为德国的工业4.0计划，与中国制造2025是对应的，而且“互联网+”和“协同制造”是密切结合。“互联网+”是协同制造、智能制造的一个核心载体和平台。德国4.0也是同互联网密切结合，人、机、信息、数据流互联互通协同发展，向制造业高端化迈进，所以这两者之间没有矛盾，反而相得益彰。两个国家都这样来安排，所以不用担心这个问题。反倒是只有先进制造，没有互联网+，要担心。因为信息相对不够充分，供需对接效率、优胜劣汰效率都比较低，缺少互联网这个重要的协同创新、管理创新平台，错失产业升级机会，这是注定要落后的。至于假冒伪劣可能比原来销售范围扩大了，我想这是一个发展过程中的问题，而且能通过互联网扩大它的销售，其实也一定可以通过互联网来遏制伪冒假劣的发展，现在的主要问题是电子商务还不够发达，竞争不够充分，发展水平还没有到。当平台竞争加剧之后，必然在假冒伪劣问题上分高下，事实上，天猫是阿里自身对淘宝假货的一次修正，而京东等电商也是看到这个痛点，因此在战略定位上与淘宝有所区别。痛点就是机遇。电商或者不断自我革新，否则一定会有新的电商来“革命”，这是市场的必然规律。当然这个过程中，也希望我们消费者更加成熟、能够依法维护自己的权益，政府部门履行好监督和监管职责，我想这个问题一定会在发展过程中解决的。

齐鲁网：有一位网友说，网络化、智能化会怎样影响我们的工作呢？会减少很多工作岗位，导致失业率上升吧？作为普通人该如何顺应时代的变化，怎样规划自己的职业生涯呢？

孙晶：就像刚才说互联网会改变组织结构、雇佣关系，拥有高技能的人才可能会选择主动离开雇佣关系的企业和机构，他可以获得更好的、广阔的发展空间。但反过来说，如果竞争力不足的话，从事简单劳动，就有可能真的会面临智能化替代。这是一个不可改变的历史规律。人类的农业革命开始，就在不断解放劳动生产力。农业革命导致同样产出，劳动节省，同样劳动，产出增加。工业革命继续解放人的体力。第一次工业革命蒸汽机车、第二次工业革命电气机车，从第三次浪潮开始，更侧重于解放人的脑力，简单脑力劳动必然逐步被计算机、互联网替代。假如我们执着于做这种工作，可能被机器替换。但是另一方面，富有创造性的工作岗位不断产生，因为人被解放的同时，需求也在不断被释放。所以效率提高会减少我们劳动时间，我们国家过去 7 天工作日的时候也有过，后来一周 6 天，现在 5 天，一天 8 小时。将来可能像发达国家一样一周四天半，这是历史的潮流。个人的职业生涯应该怎样？一定是在创新能力上做足文章。五中全会再提大众创业、万众创新，创新又包含理论创新、制度创新、科技创新、文化创新，还可以加上管理创新，具备这些创新能力的人，一定会大有前途。所以要提倡终身学习，终生创新。

齐鲁网：有网友说，创新根本就是少数天才的事情。苹果手机就是乔布斯一个人主导设计出来的，不是什么互联网、大数据思维！

孙晶：的确，但是我要说的是没有大数据思维，只有个别天才用观察、感悟获得市场需求信息；但有了大数据，通过互联网，越来越多的普通人也可以去了解更多细分市场的需求、更深层次的需求，然后进行协作开发，这叫协同创新。所以从这个意义上讲，互联网被称为创业创新的主战场。归根结蒂，不管需求是什么样的，之所以乔布斯能抓住和把握它，是因为把握了技术发展的必然规律，是有限度的，不可能超过历史发展水平。作为手机来讲，在功能手机阶段，我个人不太愿意换手机，因为再换也没有多大升级，就等着更换一款更加智能化的手机，迷你且具备笔记本电脑功能的，因为这是一个不可阻挡的技术趋势。过去的小型机逐渐被服务器替代了，过去服务器性能不如现在的笔记本电脑，同样，智能手机可以逐步达到笔记本电脑的性能。电脑、人工智能机器现在是便携化的，以后可能发展为穿戴式的，甚至是器官化、细胞化的。无论是否拥有互联网协同创新平台，作为有志于从事创业创新的人，都必须要把握历史发展的潮流、技术发展的规律。与乔布斯相比，拥有了高速、移动和范在的互联网平台的创业者是更加幸运的一代。

（原载齐鲁网理论频道 2015 年 11 月 10 日，收入本书时作了修改）

网络强国战略：现实抉择与未来展望

孙　晶

齐鲁网： 网络强国战略的提出有什么背景和内涵？

孙晶： 十八届五中全会公报提出，“实施网络强国战略，实施‘互联网+’行动计划，发展分享经济，实施国家大数据战略”。一时间，网络强国战略引起举国广泛关注。其实早在2014年2月27日，习总书记就在中央网络安全和信息化领导小组第一次会议上提出“努力把我国建设成为网络强国”的战略目标，并从掌握互联网核心科技、建设健康网络文化、完善信息基础设施、加强互联网人才队伍建设、开展互联网国际合作等方面，对如何建设网络强国提出了明确的要求。中央最高规格领导小组的成立，表明了我国以举国之力，建设“网络之强国”和“以网络强国”的决心和魄力。五中全会更是从战略高度和顶层设计的角度进一步明确了建设“网络强国”的国家战略，体现了党中央对于信息化、网络化和现代化、全球化趋势的深刻理解和把握。

网络强国战略，直观地说，就是为了实现由网络大国向网络强国跨越而制定的国家发展战略。“网络强国战略”里的这个“强”字，既是形容词，即要使我国成为具备强大网络科技、网络经济、网络管理能力、网络影响力和网络安全维护能力的国家；又是一个动词，即要通过互联网的支撑、优化、引领作用，促进发展转型升级、国家治理能力的提升，实现现代化，从而为实现“两个一百年”目标，做出应有的贡献。

网络强国战略，就是以建设高速、移动、安全、范在的新一代信息设施为条件，统筹实施物联网、宽带中国、“互联网+”计划等国家产业发展计划，统筹部署国家互联网信息科技人才培养选拔计划和科研项目攻关计划，赶超世界先进水平的信息科技核心技术，掌握国际信息通信技术标准制定的参与权、主动权，发挥开放、平等、协作、分享的互联网精神，有效对接和支撑国家大数据战略，促进完善现代市场体系、信用体系，提高资源配置效率、创业创新能力、有效供给能力，促进产业变革、商业模式创新和组织变革、管理模式创新，加快发展方式转变，推动产业迈向中高端；推进文化机制创新；强化权力运行制约和监督程序体系，加快转变政府职能，助力社会主义民主政治制度建设，推进法治中国建设；提升国家治理能力和治理体系信息化、现代化水平；保障和维护国家网络空间主权、信息安全；与国际社会携手营造和平、安全、开放、合作的网络空间，共同建设多边、民主、透明的国际互联网治理体系。

齐鲁网：我国为什么如此重视网络强国战略？怎样才能更好地推进网络强国战略？

孙晶：我国如此重视网络强国战略，主要有以下几个方面的原因：

一、我国互联网发展水平和发展阶段的必然选择

我国已经是毫无争议的互联网大国。自从1994年我国首次接入国际互联网，经过21年的发展，我国的互联网不仅网络规模大，用户数量众多，而且至今保持着很高的发展速度。工信部2014年的统计数据显示，我国互联网用户已超6.3亿，智能手机用户数量超过5亿，均为世界第一。宽带规模世界第二。信息消费规模达到2.8万亿元，同比增长25%。基础电信企业非话收入占总收入之比达到57.9%。电子商务交易额超过12万亿元，同比增长20%，是第一大网络零售市场。软件和信息技术服务业、互联网行业收入分别增长20%和50%。部分关键技术研发取得突破，涌现出一批影响世界的互联网创新企业和创新应用。互联网企业占据全球十大互联网公司中的四席。

但是“网络大国”不是“网络强国”，而且也不会必然成长为“网络强国”。以美国为代表的主要发达国家垄断了一大批信息通讯领域的通用性关键技术。如英特尔公司的处理器芯片（CPU），高通公司无线通讯技术专利，微软操作系统，IBM、谷歌等巨头与政府联手引领云计算、大数据等新技术应用

和服务，公司的智能手机全球互联网 13 台根服务器，10 台在美国，另外 3 台分别在英国、瑞典和日本。更为重要的是，这些核心技术不仅在经济上形成寡头垄断，而且业务网站、社交网络以及广泛连接的物联网的快速发展和应用，削弱了政府的信息控制力，不法分子对网络大数据进行分析后极易掌握包括战略军事重地、物资储备流转，我方关键人物个人隐私、价值取向和弱点，以及民众政治倾向、主流民意、舆论走向，更有甚者可能会加以利用，进行煽动、策划颠覆性的破坏活动，威胁国家信息安全。反观我国，信息基础设施建设不平衡、自主创新的核心软硬件较少、参与或掌握的国际标准也很少，产业发展和服务于社会的能力还有很大差距，网络安全保障能力仍然不足，网络国际影响力仍待提高，距离网络强国尚有较大差距。

当今时代，互联网发展水平已经成为一国综合实力的重要体现。网络强国是实现中华民族伟大复兴中国梦的应有之义。自第一次工业革命以来，中国从没有像今天这样接近最具时代性的重要技术的世界先进水平。我们必须紧紧抓住和用好新一轮科技革命和产业变革的历史性的机遇，稳步建设和开发利用互联网，弥补与先进国家之间的差距，从“追赶”到“赶超”，把网络铸造成执政为民、治国理政、实现伟大复兴中国梦想的“国之重器”，实现从“网络大国”到“网络强国”的跨越。

二、加快转变发展方式，实现现代化的内在要求

中国经济发展方式粗放以及不平衡、不协调和不可持续的问题，早已引起决策层的高度重视。从 1995 年制定“九五”计划起，每一个国民经济发展计划或发展战略规划都将转变经济发展方式作为中心问题。十五届五中全会更准确而及时地判断“商品短缺状况基本结束，市场供求关系发生了重大变化”。也就是说作为社会主义初级阶段主要矛盾的生产力发展水平和人民日益增长的物质文化需求之间的矛盾，已经开始由产量和需求的矛盾向品种、质量、体验差异和具体需求之间的匹配程度的矛盾过渡。然而转型发展的任务完成得并不十分顺利，屡屡因保增长、保就业、体制机制等的压力和地方政府的投资、出

口依赖而回到主要依靠传统要素投入的老路，其结果是一方面投资效率和效益低下，资源枯竭、环境恶化、结构性产能过剩；另一方面有效供给能力却受到严重挤压和损害。清新的空气，安全的土壤，健康的食品和饮用水，寓教于乐的素质教育，喜闻乐见、启迪文明的文化产品，丰富多彩的休闲度假旅游产品，安全、人道、科学、经济的医疗，大量个性化中高档消费品和高端设备等，供不应求、自给不足。

科学技术始终是第一生产力，科技创新是提高社会生产力和综合国力的战略支撑。我国经济发展要突破瓶颈、解决深层次矛盾和问题，实现转型升级，根本出路在于开展符合实际需求的创新，扩大有效供给。“从全球范围看，科学技术越来越成为推动经济社会发展的主要力量，创新驱动是大势所趋”。“实施创新驱动发展战略决定着中华民族的前途命运”。而重在创新的互联网不仅日益成为创新驱动发展的先导力量，而且成为创业创新的主战场。互联网不仅改变着信息的传播、匹配方式，从而极大地提高供需匹配的效率、劳动生产率和有效供给能力，而且有效地引导和替代资金流、人才流、技术流、物流，极大地促进与之有效结合的各个行业，不断激发技术进步、商业模式创新、组织管理模式创新，成为创业创新的首要基础性平台，同时大数据作为新的科学范式也使得互联网成为溢出效益最为巨大的科学学科群和技术发源地。习近平同志在中央网络安全和信息化领导小组第一次会议上强调，“没有信息化就没有现代化。”我们要加快转变经济发展方式，成功跨越中等收入陷阱，实现现代化，必须高度重视网络强国建设。

三、文化建设和文化安全的要求

文化，凝结在物质之中又游离于物质之外，文化信息则常常能够脱离物质，以纯数字化的方式存在和传播。对于人类社会，互联网最大最直接的改变就是对信息传播方式的革命。在数字化、信息化和全球化的时代背景下，网络为满足人们进行文化交流和从事文艺创作和享受文化发展成果提供了前所未有的快捷通道与便利条件。网络空间，已经成为现代大众文化传播的新途径，网络文化成为高度影响经济、社会、法治、生态等各项建设的巨大力量。同时，文化本身也当然地首当其冲地受到互联网的全面冲击。网络文化信息的良莠不齐给文化的健康繁荣发展埋下安全隐患，使文化安全问题凸显。不良网络文化的传播，由于“无政府”“自由化”、点对点、高度无序化、难控制的特点，致使网络文化安全面临着严峻挑战与威胁。表现在：一是借助文化信息、文艺作品开展的网络思想渗透；二是肆意扭曲甚至编造事实，制造不良的社会舆论；三是网络色情、迷信、邪教等垃圾文化信息；四是网络监听、虚假商业信息、网络诈骗、网络病毒攻击等的威胁。

通过制定和实施网络强国战略，应当明确政府主导与多元参与相结合的网络文化建设主体责任，构建由政府、企事业单位、社会团体、公民等共同参与的健康、文明有序竞争的网络文化生态，促进文化创造和传播方式创新，让科学、理性、积极、文明、健康向上的文化在竞争中不断成长，不断提高全民族的科学文化素质和思想道德素质，增强社会主义精神文明的辐射力和感染力，提高国家软实力。

四、国家治理能力和治理体系现代化的要求

当今世界，信息化正在全面深刻地重塑着人类社会。不仅对国际政治、经济、文化、社会、军事、科技等领域影响深远，也催生了治理模式的重大变革。网络拓展了公民参与国家治理的空间，缩短了公民与政府之间的沟通距离，有效降低了政治参与成本，提高了公民参与社会治理的兴趣、意愿和能力。网络空间成为公民政治参与的重要渠道和沟通信息、互动交流、激荡观点、参政议政、行使监督权利的重要平台和公共空间，为公民参与重大决策，监督和促进政府科学执政、依法执政、民主执政提供了有效途径。

信息化、网络化治理模式既有利于网络强国目标的早日实现，也有利于推进国家治理能力和治理体系的现代化。与传统治理模式相比，网络化治理以政府、企事业单位、非营利组织和公民等参与各方之间相互依赖且独立自主的关系网络为基础，包含着一套参与者之间互动、协商的机制，更加注重追求公共

价值的实现，由参与各方共建共享，也共同承担风险，从而实现更高程度的自我管理。

网络化治理既可以是自下而上的过程，也可以是由外部力量（政府）推动的过程。通过网络强国战略的制定和实施，能够更加普遍地普及这些治理理念，有序地建立包括政府、企事业单位、非营利组织和公民等多元主体共同参与，协同合作的公共产品与服务供给模式，建立跨部门、跨层级政府合作的渠道、机制与制度，推进服务型政府建设，促进社会组织发育，扩大公民参与，促进协同治理，最大限度地满足广大民众的公共需求。

五、维护国家网络空间安全和信息主权的要求

一张互联网既联通了全球，也搅动着世界。互联网上，信息技术产品的可靠性和可信性、网络攻击、窃密、隐私信息的泄露、恐怖主义、网络霸权主义、网络军国主义、网络自由主义和网络犯罪等诸多威胁，直接影响总体国家安全。美国携微软、思科、高通等信息产业“八大金刚”的产业优势，深度渗透到国家信息基础设施和军民关键业务网络等信息枢纽重地。“三股势力”在互联网上大肆宣扬、煽动民族分裂、极端宗教和暴力恐怖行动。“斯诺登事件”将美国在网络时代的霸权行径公之于世，发出振聋发聩的安全警示。

“没有网络安全就没有国家安全”。网络安全不仅包括意识形态安全、数据安全、技术安全、应用安全、资本安全、渠道安全等方面，而且总体国家安全观涵盖的政治安全、国土安全、军事安全、经济安全、文化安全、社会安全、科技安全、信息安全、生态安全、资源安全、核安全等11种领域安全也“系于一网”。通过大数据挖掘完全有可能建立起关键人员的个人档案一档主的社会关系、性格禀赋、兴趣爱好、隐私绯闻甚至生理周期和心理缺陷都尽在其中；也可能描画出军事重地的地图、战略资源的流转及节点图。网络空间主权已经成为陆海空天之外的第五国家主权。无网络主权，无数据权，必然无解释权，无话语权，更无世界影响力。因此，网络空间已经成为大国博弈的战略制高点。网络大数据成为人类经济发展的“血液”“石油”和新经济的“土

壤”。信息的控制与反控制成为国家安全的核心内容。数据的占有与控制成为国家的“核心资产”，事关国家创新生产力、文化力和国防力。

面对如此严峻的国际网络空间形势，务必要加强战略规划和顶层设计，加快制定我国网络安全战略，加快建设我国网络安全保障体系，为我国把建设成为网络强国提供有力的保障。

六、维护国际形象和开展国际合作的要求

随着带宽网络和移动智能终端的日益普及，网络的重要性日益凸显，网络空间成为人类的“第二生存空间”，网络外交应运而生。网络外交的目的是为了维持和发展国际关系行为体自身的政治、经济、军事和文化等诸方面利益；网络外交的方式包括国际行为体之间通过网络而开展的外事交往活动、对外传播，以及为对彼此的外交行为施加影响而进行的政治参与等。网络外交作为国家软实力的重要资源，必然对国家形象和软实力产生重要影响。这种影响具有两面性，即一国运用网络外交手段在增强自身软实力的同时也可削弱他国软实力。作为一种新兴的外交手段，网络外交丰富了外交理论与实践，改变了我们对国家主权、国家权力的认识。中国的网络外交尚处于起步阶段，面临着不少困难，主要表现在：网络和信息主权面临挤压、外交主体较为单一、外交方法不多、公关意识不强。

因此，必须以网络强国战略为指导，加强政府对网络外交主体的引导，创新体制，调动和发挥非政府组织和个人的力量，做大做强网络外交群体，开创和谐网络外交新局面。

让我们凝神聚力，坚持“以网治国、以网兴国”，积极发展网络、经略网络、治理网络、应用网络，开拓进取，锐意创新，早日实现网络强国的目标，成就民族复兴的梦想。

（原载齐鲁网理论频道 2015 年 11 月 17 日）

三医联动助推健康中国建设

李　爱

齐鲁网：“十三五”规划在“坚持共享发展，着力增进人民福祉”部分，重点提到推进健康中国建设。继十八大提出的“美丽中国”概念后，“健康中国”再次成为人们关注的焦点。怎样理解“健康中国”这个概念？

李爱：“健康中国”战略在我国已运筹帷幄多年。早在2007年中国科协年会上，时任卫生部部长陈竺即公布了“健康护小康，小康看健康”的三步走战略。2008年由卫生部牵头“健康中国2020”战略研究开始启动，公共政策、药物政策、公共卫生、科技支撑、医学模式转换以及中医学等6个研究组400多位专家学者参与。历时3年多，于2012年8月正式发布“健康中国2020”战略研究报告，提出到2020年，完善覆盖城乡居民的基本医疗卫生制度，实现人人享有基本医疗卫生服务，医疗保障水平不断提高，卫生服务利用明显改善，地区间人群健康差异进一步缩小，国民健康水平达到中等发达国家水平。2015年，在全国两会期间“健康中国”概念再次亮相；9月初，国家卫计委全面启动《健康中国建设规划（2016～2020年）》编制工作，“健康中国”上升为国家战略。

国家卫计委主任李斌指出，“健康中国”建设规划作为“十三五”期间的一项国家级专项规划，不同于以往的卫生计生事业发展五年规划，是从大健康、大卫生、大医学的高度出发，突出强调以人的健康为中心，实施“健康中国”战略并融入经济社会发展之中，通过综合性的政策举措，实现健康发展目标。

我们认为，将“健康中国”上升为国家战略可以全面推进医疗卫生体制改革，并推动整个医疗卫生行业以及大健康产业的蓬勃发展。从资本市场角度看，医疗服务、健康保险、养老产业及互联网医疗等上市公司会率先受益。

齐鲁网：那么，我们为什么会提出这一概念？

李爱：大家都知道，健康的概念很大，范围也广。有一个人的健康，一个国家的健康；有心理健康，有身体健康；有精神健康，有文化健康等等。不同的视角会有不同的概念。从目前我们国家社会经济发展水平的总体来看，“健康中国”概念的提出主要符合当前“价值医疗”的规划理念，即强调“预防为主”，逐步扭转实现医学模式的转变。

对于我国13亿人口大国而言，我国群众的健康问题不能光靠打针吃药来解决，必须强调预防。医学模式从晚期治疗向预防为主转变，这也是近十年来世界逐步形成的共识。

目前我国慢病发生呈逐年上升趋势，主要原因有两个：一是平均寿命延长，老年人口的增加造就了慢病上升的基础；二是不合理的生活方式，导致具有危险因素的人群大量增加。

虽然我们经常强调慢病防控的重要性，但慢病防控的观念并未深入人心。而且，对于普通百姓来说，健康的生活方式非常重要，但是真正了解应采取何种生活方式的人却非常少，缺乏健康知识是普遍现象。

不仅如此，我们提出这个概念，还因为我国目前的医疗保障水平低，卫生服务利用率不高，医疗资源分配不合理、仍存在着人群健康差异等一些现实问题。

比如：我国，每年有近300万人死于心脑血管病，平均每10秒钟就有一人死亡。即使应用最先进的治疗手段，仍有50%以上的患者生活不能自理。可见，此类疾病不仅对个人造成严重影响，也给家人和社会造成了沉重负担。而且，在我国，具有心脑血管病危险因素的人群高达四分之一，远远高于其他发展中国家和发达国家。因此，我国亟待扭转重“治”轻“防”现状，提出“健康中国”的概念恰逢其时。

齐鲁网：“十三五”规划中提出，深化医药卫生体制改革，实行医疗、医保、医药联动。去年国务院办公厅印发的《深化医药卫生体制改革2014年重点工作任务》也提到，以公立医院改革为重点，深入推进医疗、医保、医药三医联动。在推进三医联动方面，我们已经取得了哪些成绩？仍面临哪些困难？有哪些措施？

李爱：医疗、医保、医药三医联动主要是指医保体制改革、药品流通体制改革与卫生体制改革之间的联动，这是中国医改的重点。医疗是关系到民生福祉的大事，医改也一直是社会关注的热点。在推进医改过程中，全国各地在完善基本保障制度、改革医保支付方式、公立医院改革等诸多方面做了大量探索，积累了许多宝贵经验，涌现出许多重要的医改理念和制度创新的典型，许多地市走在了全国前列，现在我们又非常欣喜地看到医改在原有基础上又有了大踏步前进的迹象。

实施“医药、医疗、医保”三医联动，整体推进公立医院综合改革，我们实行了药品零差率销售改革，实施药品流通领域和公立医院医药费用控费改革，推进医院人事、分配绩效和薪酬制度改革，实行医院院长年薪制度。实行医生（包括技师）年薪制，改革医保体制和支付方式，实行基金统筹，组建成立医管中心等。

通过改革，公立医院的医疗服务质量、患者满意度和医护人员工作积极性明显升高，药品价格呈现下降趋势，医务人员逐步回归看病防病的角色，公立医院正在向公益性回归。

2015 年是“十二五”医改的收官之年，但医改还将继续，并已进入深水区。要推动医改向纵深发展，医保、医药、医疗“三医联动”，将会释放更多改革红利，让人民群众进一步受益得实惠，同时调动医务人员积极性，建立和谐医患关系，为人民群众提供高品质医疗服务，促进人民群众的身心健康和家庭幸福，用“健康梦”托举“中国梦”。

尽管我们在推动三医联动过程中取得了一些成绩，但总体来看仍处于较低水平，离群众的实际要求差距很大，因病致贫、因病返贫现象仍然存在，面临许多困难和问题。主要有以下几个方面：

新农合报销比例与农村居民愿望有差距。大病保险制度刚刚达到全覆盖，异地报销制度不健全，医保费用支付方式改革不彻底，医疗救助制度不完善，特困困难群众医疗救助水平低，公立医院改革举步维艰，医疗服务价值体系不合理，药品流通体制改革阻力重重，公共卫生服务标准和效果评价不细致，城乡医疗资源发展不均衡等。

未来时期，我们首先要不断巩固全民基本医保，逐步做实和增加患者实际报销比例；重点推动城乡居民大病保险，从个人负担较重的病种起步，不断探索按费用报销方式，逐步减轻大病患者看病负担；不断加强城乡医疗救助，扩大重特大疾病医疗救助范围，提高针对特殊困难群众的医疗救助水平，有效推进重特大疾病医疗救助制度建设，切实发挥政府助困兜底作用。

其次，加强公立医院改革。破除以药补医，是推动公立医院改革的重要抓手。目前的医疗服务价值体系不合理，特别是医疗服务劳务技术价格偏低，容易造成不合理的医疗行为以及医院不合理的收入结构。应不断健全适应卫生行业特点的薪酬制度，破除以药补医，理顺医药价格，创新社会资本办医机制，从根本上推动公立医院的改革。

最后，在完善基层医疗机构运行机制方面，应着重提高基层医生待遇，稳定和优化基层医生队伍，促进基层综合改革，保障基层医疗卫生机构持续健康发展。同时，不断深化药品流通体制改革，规范药品流通秩序，逐步健全和完善安全用药和方便购药的市场体系。只有不断健全医保，创新医疗，规范医药，在实现“三医”联动上下功夫，才能更好满足人民群众的医疗卫生需求，让人民群众共享医改红利。

齐鲁网：“十三五”规划中提出，推进医药分开，实行分级诊疗，建立覆盖城乡的基本医疗卫生制度和现代医院管理制度。“医药分开”“分级诊疗”是医改备受关注的两大重点，随着医疗卫生体制改革及这两项措施的推进，能给老百姓带来哪些实惠？

李爱：随着医疗卫生体制改革及这两项措施的推进，能给老百姓带来哪些实惠呢？我们主要从四个方面来看：

一是平时少得病。从 2009 年开始，国家逐步向城乡居民按项目免费提供疾病预防控制、妇幼保健、健康教育等基本公共卫生服务。例如，为 15 岁以下人群补种乙肝疫苗；为农村妇女孕前和孕早期补服叶酸等，逐步缩小城乡之间的医疗卫生服务差距。

早在2011年山东省140个县（市区）基本公共卫生服务项目实施率就已达到100%，并且根据国家要求，结合山东实际，在基本公共卫生服务项目中新增公共卫生事件应急处置、卫生监督协管以及减盐防控高血压、中医药适宜技术和乙肝示范区项目等6项内容。

在基本公共卫生项目实施中，山东省共有3000多万城镇居民建立了健康档案，比2008年增长了40%多，其中电子档案人数也逐年增加。2014年山东省对764万名65岁及以上老年人进行了健康管理，受到了国家卫计委的表扬。

二是得病有保障。通过扩大基本医疗保障覆盖面、覆盖城乡全体居民、提高基本医疗保障水平、完善城乡医疗救助制度等措施，能使群众个人负担的医药费用比例降低。早在2010年，山东省新农合医保政策范围内基金支付比例达到73.5%。城镇职工、城镇居民医保政策范围内住院报销比例从2008年的77.56%、46.91%提高到2012年85%和61%；医保基金支付比例和住院费用报销比例的提高，居民就医费用个人支付负担相对减少。

三是看病更方便。我国用三年的时间，建成了比较完善的基层医疗卫生服务体系，城乡群众不出社区、乡村就能享受到便捷有效的服务。同时，推进公立医院改革试点，改善服务，完善基层与大医院的双向转诊制度，缓解了大医院“挂号难、看病难”的状况。

第四是治病少花钱。通过建立国家基本药物制度，在政府举办的基层医疗机构实行零差率销售，群众用上安全、放心和价廉的药品。随着政府不断投入和监督管理的加强，基本医疗卫生服务的公益性得以回归，群众用药就医的负担得以减轻。

齐鲁网：山东在推进“医药分开”“分级诊疗”方面进展如何？

李爱：医药分开方面：2015年5月，国务院办公厅印发《关于城市公立医院综合改革试点的指导意见》，明确取消药品加成，推进医药分开，破除公立医院逐利机制，到2017年，城市公立医院综合改革试点全面推开，群众就医费用负担明显减轻，总体上个人卫生支出占卫生总费用的比例降低到30%以下。

目前，山东省共有854家公立医院。2010年，山东省启动了公立医院改革试点，2015年，山东省筹集3.56亿元财政资金，支持开展县级公立医院综合改革。按照每个县400万元的标准，对89个县级公立医院综合改革试点县进行补助。补助资金主要弥补县级医院因取消药品加成所减少的收入，专项用于落实政府对县级公立医院符合规划的基本建设及大型设备购置、重点学科发展、人才培养等政府卫生投入政策，支持县级公立医院建立科学补偿机制，降低医药费用，减轻老百姓就医负担。

此外，在潍坊市纳入国家2015年城市公立医院综合改革试点的基础上，山东省又新增东营和威海两个国家级试点城市。山东省财政另筹措资金4600万元，用于支持试点城市落实政府投入责任，取消药品加成，建立科学合理的补偿机制。

分级诊疗方面的进展：分级诊疗制度是满足居民日益增长、多样化的就医需求，促进医疗卫生资源有效利用的重要措施。目的在于将疾病按照轻、重、缓、急及治疗的难易程度进行分级，由不同级别的医疗机构承担不同疾病的诊治任务。将大中型医院承担的一般门诊、康复和护理等任务分流到基层医疗机构，形成“健康进家庭、小病在基层、大病到医院、康复回基层”的新格局，从而改善卫生公平、效率、可及、效果等，更好地为人们的健康服务。

根据国家相关文件精神和省委省政府的统一部署，山东省在推进“医药分开”“分级诊疗”方面取得了很大成绩。在以往工作的基础上，2014年，选择部分地区开展基层首诊、双向转诊、分级诊疗的就医秩序试点，在城市，通过医疗服务体系的统一规划、统一管理，组建医疗资源纵向整合的联合体；在农村，通过开展纵向技术合作、托管、组建联合体等，推进县乡一体，提升县域医疗服务的整体效率，推动分级诊疗格局的形成。

上述工作方便了部分群众就医需求，但大医院和基层医疗机构之间的分工机制并未完全形成。群众扎堆大医院看病，一定程度上加剧了“看病难、看病贵”，影响了就医满意度。事实上，大医院门诊患者中有一半都是多发病、常见病，完全可以在基层解决。

下一步医改，我省将全面构建以“基层首诊、分级诊疗、双向转诊”为主要内容的分级诊疗体系，合理布局，提升全省医疗卫生资源整体利用效率，引导群众合理选择就医，建立科学合理就医秩序。

齐鲁网： 有人说，在推进公立医院改革中，民营医院就是那条“鲶鱼”。“十三五”规划提出，要鼓励社会力量兴办健康服务业，推进非营利性民营医院和公立医院同等待遇。我们知道，当前民营医院与公立医院存在的差距还很大，民营医院应该如何借助改革发展自身？

李爱： 民营医院的蓬勃发展，在我国医疗体制改革中占据了很大的分量。随着民营医院的兴起，一定程度上解决了老百姓反映多年的就医难等问题，受民营医院的市场竞争压力，一些公立医院在医疗设备、服务质量等方面也得到了提升。人们还会发现，在诸多的民营医院中，特色专科医院占了很大的比重。

“因为我们和公立医院不在同一条起跑线上，走特色专科医院之路，我们别无选择。”对这个问题，许多民营医院负责人表示出无奈。事实上，尽管民营医院取得了长足的发展，但基本上还是处于夹缝中求生存的态势。

医保问题和医疗设备审批制度是民营医院的最大困扰。这两项因素限制了民营医院向大型综合性医院的发展。为扩大自身社会知名度和影响力，民营医院的广告宣传成为它们重要的战略手段。广告在给它们引来患者的同时，也引发了被广泛的质疑和抨击。

民营医院的确发展得非常快，但面临发展的最大障碍就是，知名度低，请不到知名的专家，吸引不到患者，说到底，是医院的品牌建设问题。

诚信，是民营医院发展的重中之重。民营医院的投资人和管理者必须要有规范化经营的意识，特别是诚信建医院的意识，做到这一点民营医院发展是很有前途的，因为在服务模式和经营管理上，它比国营医院确实有某些优势，随着国家医疗体制的改革，民营医院是与外资和中外合资医院竞争的一个重要砝码。

许多专家强烈呼吁民营医院在加强自身管理的同时，政府部门也应该给予足够的重视和关注。政府鼓励民营资本进入卫生行业，是为了逐步打破医疗卫生垄断格局，培育多种所有制市场主体，通过竞争来逐渐化解看病难、看病贵的压力。这是医疗卫生体制改革的一个根本方向，这一点毋庸置疑。推进非营利性民营医院和公立医院同等待遇就是要通过完善政策法规体系，规范市场准入，促进不同所有制医疗机构的公平、有序竞争，提高医疗卫生服务整体效率和效益。唯有如此，民营医院的经营才可能步入正轨，才可能真正成为医疗市场的“鲶鱼”。

齐鲁网：下面，我们来看一下网友通过“理响中国”微信公众号发来的提问。网友“俺是山东人”问：2014 年政府工作报告，还有这次的十八届五中全会公报中，都提到了要理顺药品价格。药价虚高长期以来备受诟病，屡屡被曝光的“天价药”让患者寒心。如何才能理顺药品价格？

李爱：理顺医药价格，就是把药的水分挤掉，然后把耗材里面的价格水分挤掉，还原医学规律的本质。可以这么说，只要我们的医改当中把医药价格理顺了，很多问题迎刃而解。

现在老百姓看病贵，贵在什么地方？他开的每一个药都很贵，甚至中国卖的进口药是国外市场上的价钱的 5 倍到 10 倍，用的一次性耗材在美国、在日本 200 美金，到了中国折算一下就相当于 1000 美金。

如果说医生自己挣的钱不够，院长给发的钱不够，如果不收患者的红包，是否会收取药商的回扣呢？但收回扣是违法的。如何让在公立医院工作的医生能够全身心投入到为老百姓服务当中又不违法？让国家拿出那么大一笔钱覆盖这个行业的收入，也不现实，怎么办？必须建立符合医务人员行业特点的薪酬制度和合理的价格运行机制，让这些医生为病人提供服务，劳动力的成本得到认可。

比如，做一个阑尾炎的手术 200 多元，做一个胃癌的手术也在 1000 元之内。以胃癌为例，大约需要 3 个大夫、2 个护士、2 个麻醉师，手术的过程大概需要 2 ~ 3 个小时。手术费几百块钱，怎么弥补收入的不足呢？打个比方，可能用了一种药品和一个耗材，把这个价码加进去了。如果医生有良知，在加码的时候就会有度；如果这个医生素养不好，在加码的时候，就会为了自己的报酬，往里加多种药品和耗材，患者费用就会增加许多。所以干脆把这个手术费定个价格，不许再有别的费用，你用了多少别的药品和耗材由医院负担，作为医院的管理者在保障病人安全，保证医疗质量的前提下，就会约束内部行为，想办法降低成本。

因此，只有理顺医药价格机制，并完善相关配套政策，才能构建药品市场的正常竞争机制，才能建立公立医院的良性发展机制，才能彻底破除“以药补医”，解决“看病难，看病贵”问题。综合来看，从完善基本药物采购、使用、报销支付政策，改革药品价格政策为切入点，尽快推进管办分开，消除公立医院垄断地位、推进医保付费改革，才是治本之道。

齐鲁网：食品安全直接关系到人们的生活质量和身体健康。“十三五”规划中也着重提到，实施食品安全战略，形成严密高效、社会共治的食品安全治理体系，让人民群众吃得放心。对于通过全社会参与食品安全治理，形成社会共治的食品安全治理体系，您有什么好的建议？

李爱：食品安全与我们每个人的健康息息相关。当前，我国食品产业整体正处于转型升级的过程中，影响食品安全的因素错综复杂。要从根本上解决这一问题，光依靠政府监管不够，必须广泛发动整个社会的力量，促使食品安全工作由单纯依靠食品安全监管部门向多方主体主动参与、多种要素发挥作用的社会共治转变。

第一，应建立健全基层食品监管体系。食品生产、流通、餐饮服务等食品安全监管职能集中到食品监管部门后，应逐步健全完善县（市）、乡（镇）、村的三级食品安全监管网络，加快形成食品监管横向到边、纵向到底的监管体系；

第二，建立健全食品安全责任体系。将食品安全纳入地方各级政府政绩评价指标体系，对因监管不到位、措施不落实而发生食品安全事故的，按照部门职能划分和“谁主管、谁负责”的原则，追究责任；

第三，建立健全食品安全检验检测体系。建立民众基本生活用品，如乳制品、肉制品、白酒、食品添加剂、化妆品等生产企业的电子追溯系统，强化省、市级技术监督机构的功能建设；

第四，建立健全食品安全信用体系。应加快推进食品安全信用平台建设，建立企业责任人食品安全信用档案。同时，建立严重失信企业责任人“黑名单”制度，完善激励引导和惩戒措施，定期开展企业诚信评估和等级评定，实施企业信用分级分类监管等。

此外，还应积极引导社会各界参与食品安全治理，凝聚社会合力，营造出“人人关心、人人参与、人人共享”食品安全的良好氛围，让食品安全深入人心、惠及万家。

只有严管食品安全，我们的身体才会更健康，才能少生病。相信在一系列政策支持和各级政府的努力下，“健康中国”将不断提高国民的生活质量和身体健康。

（齐鲁网理论频道2015年11月19日）

十八届五中全会给山东带来的机遇和挑战

张　文　范玉波

《中共中央关于制定国民经济和社会发展第十三个五年规划的建议》中提到："在提高发展平衡性、包容性、可持续性的基础上，到二〇二〇年国内生产总值和城乡居民人均收入比二〇一〇年翻一番。主要经济指标平衡协调，发展空间格局得到优化，投资效率和企业效率明显上升，工业化和信息化融合发展水平进一步提高，产业迈向中高端水平，先进制造业加快发展，新产业新业态不断成长，服务比重进一步上升，消费对经济增长贡献明显加大。户籍人口城镇化率加快提高。农业现代化取得明显进展。迈进创新型国家和人才强国行列。"

张文认为，从经济总量上看我省 GDP 居全国首列，但是由于人口基数比较大，城乡居民收入翻一番的目标，难度更大一些。因此"十三五"期间，我省要更加注重城乡居民收入的提高，特别是中低收入人群，要通过完善初次分配和再分配机制，缩小城乡、区域、行业的收入差距。

范玉波认为："'十三五'期间，山东工业能否实现中高端发展，是实现全面小康的一个关键，我们的工业基础雄厚，就给我们服务业发展尤其是生产服务业提供了非常好的基础，结合我们山东的工业特点，在发展工业的同时，也能大力提升我们的服务业，在发展服务业的同时，又能促进我们工业的发展。"

（山东广播电视台 2015 年 11 月 8 日新闻联播报道）

山东外贸增长面临压力应进一步优化结构

李广杰

据山东广播电台《山东新闻》报道，今年前三季度，山东进出口总额1750.5亿美元，下降16.3%，外贸稳增长面临着前所未有的压力。李广杰认为，面对低迷的国际市场，我省要进一步优化对外贸易结构，实行服务贸易和货物贸易发展并重，在双向投资方面有所突破。

李广杰表示，过去我们以利用外资为主，今后要坚持利用外资和对外投资并重，一方面进一步提升利用外资的水平、层次，同时加大企业走出去力度，促进企业在全球布局产业链条、拓展发展空间。

十八届五中全会提出，要推进“一带一路”建设，推进同有关国家和地区多领域互利共赢的务实合作，推进国际产能和装备制造合作，打造陆海内外联动、东西双向开放的全面开放新格局。李广杰表示，区位优势明显而装备制造业实力雄厚的山东，在“一带一路”建设中大有可为。

李广杰认为，应该抓住共建“一带一路”带来的扩大贸易、投资的重要机遇，加强与沿线国家在贸易投资合作、基础设施互联互通合作、海洋领域合作、人文交流合作等多方面的合作，拓展山东的经济发展空间。

自贸区战略为山东扩大开放提供了契机。特别是中韩自贸协议签署后，山东企业发挥毗邻韩国的地缘优势，大力开拓韩国市场，前三季度实现了对韩出口的逆势增长。山东师范大学经济学院博士辛大楞认为，要着重统筹自由贸易区内外发展，以更加灵活、主动地参与全球分工与市场协作，增强自身的话语权。

李广杰表示，中韩自贸区对于山东来说是一个很大的优势，应该借助中韩自贸区这个平台，来发展对外贸易，消化省内的过剩产能，山东作为一个外贸大省，离韩国很近，这样贸易成本相对来说要小一些，所以，更应该借助这个优势，来加强鲁韩合作，其次在东北亚区域一体化当中，更好的往前走一步。

（山东广播电台 2015 年 11 月 8 日山东新闻）

人口老龄化问题严重　山东多举措应对

崔树义

齐鲁网：“十三五”规划提出，积极开展应对人口老龄化行动。有报道称，山东省人口老龄化形势非常严峻，预计到2015年底，将达到2000万左右。山东在应对人口老龄化问题上应采取哪些措施？

崔树义：山东是一个人口大省，而且计划生育工作一直在全国排在前列。从60岁以上老年人口数量上来说，山东是全国第一老年人口大省，进入老龄化的时间在全国也比较早。养老问题在山东是非常严峻、迫切的任务。过去这些年，省委、省政府对此非常重视，做了很多工作。但由于老龄人口基数大，而且发展速度很快，有些问题还没有很好解决。将来我们面临很多问题，至于下一步采取什么对策，因为任何事情都有连贯性的，有的需要加强、有的需要完善，有的需要采取新的政策，因此这个问题非常复杂。我简单谈一下个人看法。

首先从总体思路上，要统筹考虑。我们现在讲有三种养老方式，居家养老、社区养老、机构养老。政府要统筹考虑我们将来重点发展哪一个，这是首先要明确的。而且这三种方式不是各自独立的，而是相互均衡、相互补充的。

第二，要把老龄事业和养老产业、政府主导和体制创新并重，形成多元的投入机制。现在机构养老、社区养老主要是政府投入。对中国人来说，未来几十年居家养老还是养老的主要方式，主要靠家庭成员支持。在社会养老方面，利用社会力量、资本投入的不多，在这方面需要加强做一些工作。

第三，根据省情，着眼于养老这方面的实际需求和消费能力，针对老年人的特点和不同老年群体制订相适应的对策：

一是要抓重点，全面抓。像国外那样全管起来是不可能的，要根据特点有重点地抓，现在主要是要抓需要长期照料的，以医疗康复、完善社区功能方面为重点。长期照料，对一些失能老人、独居老人、农村困难老人等是非常需要的。要加强对这方面的认识，提高重视程度，这不是空话。虽然口头上都在谈怎样怎样，认为这个问题非常重要，但是真正落实到行动上，在政府层面、社会层面重视程度还是不够。

二是要摸清老年人口的状况，基本情况要了解清楚，这样才能有的放矢地采取措施。总体数量多少、各年龄段有多少、身体状况怎么样、有哪些需求，哪些得到满足、哪些没有得到满足？要有的放矢地开展工作。

三是要引导鼓励老年人多参加经济社会活动。现在定义老年人60岁以上。现在的60岁和过去不一样，许多人身体非常好，完全有能力多参加经济社会活动。这也是我们将来开发第二次人口红利，加速我国经济社会发展的重要内容。只有多接触社会、不脱离社会，身心才能更好地保持健康。

四是要尽快推行长期护理保险，推行医养结合。综合满足老年人在护理、康复、看病方面的需要。长期护理保险现在已经有试点了，从发达国家来看是发展趋势。养老要和医疗卫生资源更好结合在一起，发挥更好效应。

五是要推进政府购买服务。特别是在护理这方面，因为过去的政策，很多人就一个孩子，甚至有些失独家庭，没有孩子。对这些家庭来说，当老人生病时护理是一大困难。我们不可能把这些人全部安排到养老院，但政府可以通过购买护工、服务这样的方式来为他们提供养老服务。

六是要社区建设、社区发展综合进行，为老年人提供一个良性循环互助的社区。我们看到有这样的实践，老年人住在一块，互相照料，互相帮助。政府应未雨绸缪，在这方面做些工作。

七是要加快老年人环境建设。我们可以结合外国经验。青年人和老年人的居住设施在设计上是不同的，政府在这方面要提前做一些工作。

八是要重点解决农村养老问题。现在农村养老是非常大的问题，一方面，老年人口主要集中在农村，孩子进城打工了，身边没有人；另一方面，当父母年老时，农民工未必能回去，也未必能够接老人来城里住。

（齐鲁网理论频道2015年11月25日）

全面放开“二孩” 促进人口均衡发展

崔树义

齐鲁网：“十三五”规划提出，全面实施一对夫妇可生育两个孩子的政策，这也是近期备受网友关注的焦点之一。国家为什么要在此时放开全面二孩政策？放开全面二孩在未来会带来什么样的影响？

崔树义：全面放开二孩政策是党的十八届五中全会给全国人民送的一个大红包，大家都非常关注。可以从以下几个方面理解，既是原因也是影响。

第一，全面放开二孩政策，有利于人口持续发展。全面实施二孩政策在少数地区已经施行过，从妇女的综合生育率来看，我们国家的综合生育率在20世纪90年代已经达到了更替水平以下，即2.1以下，现在是1.4～1.5，有的省市在1.0左右，就是一对夫妇只生育一个孩子。照这个趋势发展下去，到2030年左右中国人口达到顶峰，大概是14.5亿，将来会加速度减少，这对中华民族的可持续发展是不利的。现在我们适当提高妇女生育率，增加少儿人口比重，对中华民族、对中国人口的可持续发展都是有利的，也有利于保持我国人口大国的地位。

第二，有利于促进中国人口的长期均衡发展。主要有两方面的原因。一是老龄化程度非常严重。到2014年底，全国的60岁以上老年人口2.12亿，占总人口比重15.5%。山东情况更严重一些，是全国老年人口最多的省份，到2015年底的话，老年人比重大概到20%左右。二是0到14岁少儿人口大幅度减少。1964年第二次人口普查的时候，少儿人口比重为40%，到了2010年第六次普查人口的时候下降到16%，下降非常快。一个老龄化，一个少子化，使人口结构非常不均衡。现在放开二孩政策，可以增加少儿人口比重，有利于缓解人口老龄化，使老龄人口在总人口当中占的比例适当降低一些。

第三，有利于解决越来越明显的劳动力短缺问题。通过这些年计划生育政策，中国积攒了巨大的人口红利，劳动人口占的比重非常高。现在人口红利期虽然还没有结束，但是劳动年龄人口已经停止增长了，到2012年劳动人口达到顶峰，以后是逐步减少的趋势。我们近几年也听到看到一些现象，民工荒、用工荒、招工难。现在已经显现出来劳动力供不应求的趋势。像山东，整个“十三五”期间，照现在的增长方式和增长速度不变的话，我们每年短缺劳动力在60万左右。现在增加少儿人口比重，有人做过测算，到2030年或者2031年大概可以为全国增加3000万劳动力。

第四，有利于缓解出生性别比失调问题。正常性别比大概在102～107之间。男孩稍微多一点，因为男孩出意外事件的概率比女孩多一点，最好别超过107，这是正常范围。现在我们的出生性别比是严重失调。山东比较严重，还有别的省份也比较明显。特别是许多市、县的二胎以上出生性别比已经到了140以上，也就是说有140个男孩，只有100个女孩。关于二孩、甚至三孩，中国部分人的男孩偏好是非常强烈的。虽然政府采取了非常严厉的措施，严禁非法鉴定胎儿性别，严禁非法堕胎，但是屡禁不止。放开二孩政策，基本上能够满足大多数人的生育愿望。

第五，有利于改善党群关系，促进家庭和谐文明发展。对一些人来说，政府的生育政策要求和自己的生育意愿这个矛盾始终没有很好解决。很多群众还是想生，由此引发的矛盾非常多，导致党群关系紧张，甚至有的家庭关系也很紧张。现在放开二孩以后，基本上可以满足大多数群众的生育欲望，使家庭结构更加合理，同时使党群关系更加和谐，稳定发展。

齐鲁网：从双独二孩、单独二孩，再到如今全面二孩，计划生育政策一直在不断调整，有观点认为，未来会全面放开生育。但我们注意到，十八届五中全会公报指出，要坚持计划生育的基本国策。为什么要坚持计划生育的基本国策？随着经济发展、人口结构的变化，请您预测下，未来这一政策还会有哪些调整？

崔树义：计划生育政策在不断地调整完善，这是从计划生育政策一开始施行的时候就有的，是它的题中应有之意。现在的政策和20世纪80年代的一孩政策是不一样的。我们在农村实行的是一孩半政策，其他民族地区也有不同的政策，总是处在一个不断的完善调整过程中。这次的调整力度比较大，给人民一个很大的心理预期，是不是很快计划生育政策就全部放开了？大家是有这样一种想法。可以这么说，将来生育政策肯定会全面放开。因为20世纪80年代就说过，严格计划生育政策基本上执行一代人的时间。现在30多年了，该到了调整的时候了。任何事物有生就有灭。制订一项社会政策是为了完成一定使命。当使命完成，目的达到以后，这个政策自然就会中止。将来的计划生育政策可能完全放开，但估计不会很快。不是像网友们想的那样，以后三孩、四孩……全面放开，不会这么快。因为要坚持基本国策，为什么还要坚持？虽然人口大规模、快速增长的势头遏制了，但是，由于人口发展惯性，每年还要增加六七百万人，这种增长的势头还要过十来年才能停止。预测2030年左右人口总量达到顶峰，从那以后开始稳定、回落。现在人口总量仍然很多，每年新增人口比较多，对资源、环境压力比较大。这是仍然坚持计划生育基本国策的理由。下一步还要不要调整？还会采取、进行哪些调整？我想调整是有的，但是近一年、两年之内不会有太大调整。要看二孩效果怎样。

全面放开二孩效果如何？根据专家预测，全面二孩大量出生在2017年、2018年，明年三月份如果政策落地的话，到了2017年、2018年，准是一个生育高峰。要根据全面二孩的效果来看下一步采取什么措施。打个比方，假如说全面二孩效果不明显，例如之前预期山东每年出生20万到30万，结果每年只出生10万、8万或者实际上每年出生30万、40万，将来采取的措施就不一样。如果效果不明显，可能会鼓励生育二孩。既然之前可以采取措施制止生育二孩，将来也可以采取措施鼓励生育二孩。估计会采取一些完善政策。但是我个人理解，不会过两年全面放开三孩、再过两年全面放开四孩，不会经历这样的过程。

齐鲁网：放开全面二孩消息一经放出，不少家庭开始把二孩提上议程，但也有许多家庭犹豫不决，担心养不起两个孩子，对于有“二孩”打算的家庭，您有什么样的建议？到底二孩该不该生？

崔树义：经过这么多年的计划生育，人们生育观念确实发生很大变化。调整计划生育政策让好多人欢呼雀跃。人们一方面是高兴，另一方面是纠结。你观察一下，上一代人非常高兴，男方高兴一些，纠结主要是女方多一些。生育二孩对家庭、对个人来说，都是有收益的。有收益首先就要付出成本。可能网友算的经济账，看得见、摸得着。另外就是生育二孩对家庭、事业发展有没有影响？再回去上班行不行等等。这种成本肯定要付出的。随着社会发展，无论直接成本、间接成本，都会越来越高。但是，是不是真的生不起、养不起呢？网友表达的可能是另外一层意思。如何养得起是一层含义，现在怎么处理这个问题？看到很多网友评论，很多同事也问我。因为这个问题比较具体，具体问题具体分析，每个家庭情况不一样，提具体建议恐怕很难提出来，但是大的方面都要考虑。

首先要摆正心态，心态很重要。我们觉得现在网友心态有点浮躁。心态要摆正。我到底要不要孩子？为什么要孩子？为什么不要孩子？什么时候要？这些事情要考虑清楚，心态一定要稳定下来，平静下来。要从个人的情况，你什么年龄？身体状况、家庭经济状况如何？包括住房、双方老人有没有时间照顾孩子。另外包括个人发展计划等等这些方面都要考虑到，确实要三思而行、量力而行。因为二孩政策不是说现在国家放开了，过一段时间又收回去了。生育政策只能是越来越宽松，不可能越来越紧。不可能收回去了。所以网友们不必太着急，要考虑清楚。一定慎重，这是非常慎重的决定。具体的哪个网友生不生，什么时候生，完全要靠自己拿主意。

齐鲁网：有消息称，“全面二孩”相关法律《人口与计划生育法》最快下月底修订，国家卫计委副主任王培安表示，修订完成后，就意味着政策全面落地了。您能具体讲一下这个问题吗？

崔树义：从中央决定二孩政策到变为实际可操作执行的政策，中间需要一些过程，有些法定程序必须要走的。单独二孩的时候，各省市人口计生条例修改完成走了半年左右的时间。这次，我想不会用那么长时间，因为这是全民非常关心的问题。国家卫计委举行了几次记者招待会，对有关问题谈的都比较清楚。这次和上次不一样的是，这次政策落地和实际执行的时间全国统一了。上次是各省市条例通过以后实施，这次国家表示，人口与计划生育法通过之日就是政策落实之时。至于人口计划生育法现在肯定已经在进行修订。这是非常复杂的，因为它牵涉到很多方面、不同部门。卫计委修订完成，还要征求其他部门意见。在提交两会之前，要征求意见的。提交法工委、再提交全国人大。到全国人大通过的时候，就算是正式实施了。我相信国家卫计委会把修改的相关情况、内容，现在到达什么程度，会及时地向各省市卫计部门通报。因为各省市的人口与计划生育条例也要进行修改。要根据人口与计划生育法的修改情况进行相应调整。而且这次修订的恐怕不仅仅是人口与计划生育条例，还有其他法规也要进行调整。总之，最快今年底、最晚明年上半年执行。

全面放开“二孩”、促进人口均衡发展是完善人口发展战略的重要举措，随着“二孩”的放开，新一轮人口红利将会形成，各类行业都将最终受益，相信在国家人口政策的推动下，全面建成小康社会一定会实现。

（齐鲁网理论频道 2015 年 11 月 25 日）

“二孩政策”将全面实施

高利平

党的十八届五中全会提出，全面实施一对夫妇可生育两个孩子政策。我国实行了30多年的独生子女政策进行了调整，众所期待的二孩政策将会全面实施。这一政策，是在怎样的历史背景下产生的呢?

高利平认为:“第一是生育率低，第二是出生性别比失衡，第三是老龄化严重，人口红利消失。”

据了解，“全面二孩”政策在山东正式实施至少要经历四道关键程序：中共中央的决定。国务院制定调整意见并由全国人大常委会批准。山东实施方案报批。省人大修订计生条例。那么全面二孩政策在山东省最快什么时候可以实施呢?

国家卫生计生委副主任王培安表示:“具体是由省区市自己来决定，我们预计，明年第一季度，全国多数省区市会落地实施。”

需要说明的是，在“全面两孩”落地实施后出生的孩子，都是在政策允许范围内的。但在政策落地前“抢生”，违反现行的《山东省人口与计划生育条例》，如何处罚尚不明确。一旦全面放开二孩，会不会导致我国人口急剧增加呢?

高利平认为:“二孩政策放开以后，起初的一两年可能会造成出生人口的小高峰，但是人口应该不会发生很急剧的增长现象。近些年随着我国经济社会发展，人们的生育观念在变化，原来多子多福、重男轻女的观念在逐渐变化。”

（山东广播电视台2015年10月31日新闻联播报道）

全面放开二孩政策
对经济社会发展的重大意义

李兰永

党的十八届五中全会提出，全面实施一对夫妇可生育两个孩子政策。我国实施“单独二孩”政策不久，此次全面放开二孩政策，对经济社会发展有何意义?

全面放开二孩政策会增加新生儿数量，近期将出现一个激增期，随着对政策关注的淡化，中长期新生儿数量增加将趋于平缓。在农村，按照现行生育政策，第一个孩子是男孩的不能再生育，“全面二孩”政策实施以后，这类家庭可以安排生育二孩；在城镇，按现行生育政策要求一个家庭只生育一个孩子，新政策实施以后，这类家庭可以安排二孩生育。

从政策层面看，允许一个家庭生育两个孩子可延缓人口老龄化的进程，同时对经济社会发展也非常重要。从社会方面看，允许一对夫妇生育两个孩子能够提升家庭发展能力，增进家庭经济支撑水平，父母可获得更多养老资源，减轻社会养老负担；能够改善人口自身生态，使子女身心健康成长，培养孩子的协作精神和宽容心态，让孩子在初级群体中养成健全的人格。从经济方面看，一对夫妇生育两个孩子将会带动婴幼儿用品、房地产、玩具业等相关产业；中长期看将会增加劳动力供给，使劳动力资源更加丰富；将会对公共服务资源提出新的要求，迫切要求政府加大对公共服务的投资力度。

（新华网 2015 年 11 月 1 日）

全面二孩政策的深刻影响

刘　娜

受全面放开二孩政策影响的育龄妇女约为1300万，政策新增人口出生总量为600万~800万。根据第六次全国人口普查结果，山东省受此政策影响的25~39岁目标育龄妇女的总量大概为1300万。

刘娜介绍，根据第六次全国人口普查结果，全省常住人口中，男性为4844.71万人，占总人口的50.57%；女性为4734.59万人，占总人口的49.43%。由此推算山东省受此政策影响的25~39岁目标育龄妇女的总量大概为1300万。根据2010年济南市人口普查资料推算，济南市范围内受此政策影响的25~39岁目标育龄妇女的总量大概为95万。

受二孩全面放开的政策影响，这一人群带来的新增出生人口总量可能在600万~800万之间，其中包括新增的单独二孩。她同时也提到，新增人口数量会受到很多因素影响，实际的新增人口会有变化。政策出台后，生育率的变化也不是即时显现的，一般会滞后两到三年。

首先，对于人口井喷式增长的恐慌和对于婴儿潮会引发社会资源紧缺的担心是没有必要的。通过“单独二孩”政策推行一年多来我国二孩申请总量来看，人口生育率在未来几年并不会出现急剧大幅度的增长，依此推断在全面放开二胎生育政策之后，人口的生育率也不会出现爆炸式增长。即使政策实行之初受生育意愿累积的影响可能会有较大的波动，但也无需对此过于恐慌。当前家庭的生育意愿受新观念、新形势的制约较大，从生育意愿到生育行为的转化过程中还有很多因素在发生作用，其转化率的高低仍未可知。

其次，全面放开二胎生育政策的实施将会对我国的经济和社会发展带来诸多深刻的影响。从人口结构调整最基本的作用而言，一是会优化人口年龄结构并缓解老龄化危机，二是会实现人口的再生产并提供新增劳动力。此外，放开二胎生育政策还将带来多方面的转变：对于家庭而言，子女数量的增加有利于家庭情感关系的丰富化和正常化，并有利于缓解家庭的养老压力；对于与经济发展而言，将会刺激消费、盘活经济，并有助于促进婴幼儿产业的长足进步。山东省作为人口大省，受政策的影响必然较大，因此有必要开展科学的预测和调研工作，为新增人口和市民家庭的新需求做好必要的准备。

（原载《山东商报》2015 年 10 月 30 日）

后记

党的十八届五中全会通过了《关于制定国民经济和社会发展第十三个五年规划的建议》，全面谋划未来五年中国的发展之路。这是举国乃至举世关注的焦点。

在国人的眼里，六十年一甲子，寓意轮回与更替。从第一个五年计划到第十二个五年规划，60余年里，我们国家经历了从高度集中的计划经济体制到生机勃勃的社会主义市场经济体制、从封闭半封闭到全方位开放的重大历史转折，经济社会发展取得了举世瞩目的成就。面向未来制定的2016~2020的“十三五”规划，是以习近平同志为总书记的党中央主持编制并着力组织实施的第一个完整的五年规划，是中国跨越“中等收入陷阱”向更高发展阶段迈进的艰难跃升，是迎来全面建成小康社会、实现“第一个百年目标”的最后冲刺，也是跋涉在中华民族伟大复兴之路上的关键一程。学习领会好、理解把握好、贯彻落实好“十三五”规划建议的重要精神，对于我们国家各个方面的事业大发展，都是非常重要的。

作为山东省委省政府的重要科研机构和智库机构，山东社会科学院坚持以研究、传播、弘扬党的思想理论成果为己任，深入学习宣传贯彻落实党的十八届五中全会精神，依托创办的《山东社会科学报道》这一重要平台，组织院内专家学者就十八届五中全会精神进行学习研读，形成了一批理论与实践紧密结合的解读文章。同时，院内专家积极做客大众媒体，以访谈形式生动解读国策，形成了一组深入浅出、通俗易懂的学习研读成果。本书所汇集的正是这些学习解读的成果选粹。

山东社会科学院党委书记唐洲雁提议并策划了本书的出版；院长张述存指导了本书的编撰出版工作；副书记王希军从书稿审定、排版到交付出版，都提出了十分宝贵的指导意见，并对书稿作了最后审定。参与本书写作的院领导与专家学者，本着严谨的治学态度，高度重视，精心写作，反复修改，有的学者几易其稿，保证了本书的质量。院外宣办孙必鹏、刘连华及王博、李萍、刘健、刘珊珊、张元思、章洁等对本书均付出了程度不同的劳动。山东人民出版社的领导和责任编辑李言英同志，为本书在短时间内顺利出版给予了大力支持。在此一并表示最真挚的谢意！

由于时间仓促，编者的水平有限，在本书的编撰出版过程中，难免产生疏漏与不当之处，敬请作者和读者谅解，并给予批评指正。

编 者

2015 年 12 月 19 日

图书在版编目（CIP）数据

以新的理念引领新的发展/王希军，黄晋鸿主编．——济南：山东人民出版社，2016.3

ISBN 978-7-209-09573-0

Ⅰ．①以… Ⅱ．①王… ②黄… Ⅲ．①中国共产党十八届五中全会（2015）－文件－学习参考资料 Ⅳ．①D229

中国版本图书馆CIP数据核字(2016)第050488号

以新的理念引领新的发展

王希军　黄晋鸿　主编

主管部门　山东出版传媒股份有限公司
出版发行　山东人民出版社
社　　址　济南市胜利大街39号
邮　　编　250001
电　　话　总编室（0531）82098914
　　　　　市场部（0531）82098027
网　　址　http://www.sd-book.com.cn
印　　装　山东省东营市新华印刷厂
经　　销　新华书店

规　　格　16开（169mm×239mm）
印　　张　12.5
字　　数　180千字
版　　次　2016年3月第1版
印　　次　2016年3月第1次
ISBN 978-7-209-09573-0
定　　价　34.00元
　　　　　如有印装质量问题，请与出版社总编室联系调换。